FRANKFURTER WIRTSCHAFTS-
UND SOZIALWISSENSCHAFTLICHE STUDIEN

Heft 16

Herausgegeben von der
Wirtschafts- und Sozialwissenschaftlichen Fakultät
der Johann Wolfgang Goethe-Universität
Frankfurt am Main

Ökonometrische Untersuchungen über ein dynamisches Sektorenmodell für die Bundesrepublik Deutschland

1951-1960

Von

Dr. Wilfried Jahnke

DUNCKER & HUMBLOT / BERLIN

Alle Rechte vorbehalten
© 1966 Duncker & Humblot, Berlin 41
Gedruckt 1966 bei Berliner Buchdruckerei Union GmbH., Berlin 61
Printed in Germany

Vorwort

Die Anregung zu der vorliegenden Studie, die der Wirtschafts- und Sozialwissenschaftlichen Fakultät der Johann Wolfgang Goethe-Universität in Frankfurt am Main im August 1965 als Dissertation eingereicht wurde, erhielt ich von Herrn Professor Dr. Heinz Sauermann, dem ich an dieser Stelle für seine Geduld und seine verständnisvolle Förderung herzlich danken möchte. Für zahlreiche kritische Hinweise bin ich Herrn Dr. Jochen Schumann zu Dank verpflichtet. Manche Ratschläge für die endgültige Abfassung des Manuskriptes verdanke ich Herrn Privatdozent Dr. Hans Jürgen Jaksch. Für alle verbliebenen Mängel bin ich selbstverständlich allein verantwortlich.

Frankfurt am Main, im Juli 1966

Wilfried Jahnke

Inhaltsverzeichnis

Teil I

Theoretische Grundlagen

Erster Abschnitt: Die dynamische Multiplikatortheorie 9
  a) Das allgemeine Multiplikatorprinzip 9
  b) Lag-Hypothesen in makroökonomischen Verhaltensfunktionen 14
  c) Die Lösungen eines einfachen dynamischen Multiplikatormodells 18

Zweiter Abschnitt: Die Theorie des Sektorenmultiplikators 25
  a) Dynamische Ausgabenfunktionen in einem Mehr-Sektoren-Modell 25
  b) Die Skalarlösungen eines Modells mit der Multiplikatorhypothese 29

Teil II

Untersuchungsmethoden

Erster Abschnitt: Die Schätzmethode 37
  a) Zur Auswahl des Schätzverfahrens 37
  b) Die direkte Kleinst-Quadrat-Methode 42

Zweiter Abschnitt: Die Prüfmethoden 47
  a) Allgemeine Beurteilung der Schätzergebnisse 47
  b) Zuverlässigkeit der Parameterschätzungen 48
  c) Prüfung der Autokorrelation und autoregressive Transformation .. 52

Teil III

Ein Modell für die Bundesrepublik Deutschland

Erster Abschnitt: Die Struktur des Modells 57
  a) Sektorengliederung und Strukturgleichungen 57
  b) Ergebnisse der Parameterschätzungen 62

c) Statistische Prüfung der geschätzten Strukturparameter 78
d) Ergebnisse der autoregressiven Transformationen 81
e) Vergleich des Modells mit anderen ökonometrischen Modellen für die Bundesrepublik Deutschland 88

Zweiter Abschnitt: Die Lösungen des Modells 93
a) Die statischen Lösungen 93
b) Die Ermittlung der Eigenwerte des charakteristischen Polynoms .. 95
c) Die Berücksichtigung von Anfangsbedingungen 97
d) Allgemeine Skalarlösungen und zeitlicher Verlauf der Sektoreinnahmen 99

Anhang

1. Definition der Variablen 105

2. Ausgaben der Sektoren in den Jahren 1950 bis 1960 106

Literaturverzeichnis 107

Teil I

Theoretische Grundlagen

Erster Abschnitt

Die dynamische Multiplikatortheorie

a) Das allgemeine Multiplikatorprinzip

Seit Keynes das Multiplikatorprinzip zu einem der wichtigsten Bausteine seiner „General Theory" machte[1], hat sich dieses Prinzip als eines der bedeutendsten analytischen Instrumente der makroökonomischen Theorie erwiesen. Obschon Keynes nicht zu seinen eigentlichen Entdeckern gehört[2], hat er ihm doch zu seinem entscheidenden Durchbruch verholfen. Das Prinzip soll hier allerdings nicht in jener Form dargestellt werden, die Keynes ihm gab, sondern in einer etwas allgemeineren Fassung, die auf die Zwecke dieser Untersuchung zugeschnitten ist. In seiner einfachsten Form stellt das Multiplikatorprinzip die arithmetischen Zusammenhänge dar, die zwischen irgendwelchen makroökonomischen Teilvariablen und ihrer Gesamtgröße bestehen[3]. Setzt sich die Gesamtgröße, die mit Y bezeichnet werden soll, aus zwei Teilgrößen, die mit X_1 und X_2 bezeichnet werden sollen, zusammen, so lassen sich zwei sogenannte Multiplikatoren l_1 und l_2, die als die Quotienten $\frac{Y}{X_1}$ und $\frac{Y}{X_2}$ definiert sind, bestimmen. Werden die Kehrwerte der Multiplikatoren, d. h. $\frac{X_1}{Y}$ und $\frac{X_2}{Y}$ mit b_1 und b_2 bezeichnet, so ergibt sich für den Multiplikator l_1

(I. 1.1) $$l_1 = \frac{Y}{X_1} = \frac{Y}{Y - X_2} = \frac{1}{1 - \frac{X_2}{Y}} = \frac{1}{1 - b_2} = \frac{1}{b_1}.$$

---

[1] *Keynes*, J. M.: The General Theory of Employment, Interest and Money, London 1936, repr. 1961, chapter 10, S. 113/131.

[2] Über die zahlreichen Vorläufer vgl. *Hegeland*, H.: The Multiplier Theory, Lund 1954, chapter I und II.

[3] Vgl. hierzu *Lange*, O.: The Theory of the Multiplier, Econometrica, 11, 1943, S. 227 und *Hegeland*, H.: a. a. O., S. 153.

Teil I: Theoretische Grundlagen

Auf ähnliche Weise läßt sich $l_2 = \frac{1}{1-b_1} = \frac{1}{b_2}$ bestimmen. Die Multiplikatoren stellen Faktoren dar, mit denen man die zugehörige Teilgröße zu multiplizieren hat, um die Gesamtgröße zu erhalten. Es ist etwa

(I. 1.2) $$Y = \frac{1}{1-b_2} X_1 .$$

In der vorstehenden Form wird das Multiplikatorprinzip im allgemeinen verwendet.

Im folgenden soll auf einige arithmetische Trivialitäten hingewiesen werden, die sich aus den zugrundegelegten Zusammenhängen ergeben. Ausgangspunkt der Überlegungen war die Definitionsgleichung

(I. 1.3) $$Y = X_1 + X_2 .$$

Wird diese Gleichung durch Y dividiert, so ergibt sich

(I. 1.4) $$1 = b_1 + b_2 .$$

Fälle, in denen entweder b_1 oder b_2 gleich eins sind, bedeuten, daß die zugehörige Teilvariable gleich der Gesamtgröße ist, während die andere Teilgröße gleich Null ist. Das Multiplikatorprinzip beruht jedoch gerade darauf, daß sich eine Gesamtgröße aus mehreren (mindestens zwei) nicht mit ihr identischen Teilgrößen zusammensetzt. Daraus folgt, daß b_1 und b_2 ungleich eins bzw. ungleich Null sein müssen. Aus der Gleichung (I.1.4) folgt darüber hinaus, daß $b_2 = 1 - b_1$ ist, d. h. wenn einer der beiden Quotienten bekannt ist, ergibt sich der andere als Differenz zu eins.

An den dargestellten Zusammenhängen ändert sich nichts, wenn statt der absoluten Werte Y, X_1 und X_2 deren Veränderungen ΔY, ΔX_1 und ΔX_2 bzw. $dY = \lim\limits_{\Delta X_1 \to 0} \frac{\Delta Y}{\Delta X_1} dX_1 + \lim\limits_{\Delta X_2 \to 0} \frac{\Delta Y}{\Delta X_2} dX_2$, $dX_1 = \lim\limits_{\Delta Y \to 0} \frac{\Delta X_1}{\Delta Y} dY$ und $dX_2 = \lim\limits_{\Delta Y \to 0} \frac{\Delta X_2}{\Delta Y} dY$ betrachtet werden. Man erhält dann z. B.

$$\Delta Y = \frac{1}{1-b_2} \Delta X_1$$

oder

$$dY = \frac{1}{1-b_2} dX_1 .$$

Dadurch ist die Möglichkeit gegeben, die Auswirkungen von Veränderungen einer Teilgröße auf die Gesamtgröße zu untersuchen. Je nachdem, wie die verschiedenen Variablen ökonomisch interpretiert werden, lassen sich mit Hilfe dieses analytischen Instrumentes die unterschiedlichsten Probleme behandeln. Ein besonders weites Anwendungsgebiet eröffnet sich, wenn die Gesamtgröße Y als Volkseinkommen (Sozialprodukt) und X_1 und X_2 als einzelne Komponenten, etwa als Konsumausgaben und Nettoinvestitionen, als Privatausgaben und Staatsausgaben, als Inlandsausgaben und Auslandsausgaben, als Lohneinkommen und Gewinneinkommen definiert werden. Dabei können auch negative Größen wie negative Nettoinvestitionen, Handelsbilanzdefizite, Haushaltsdefizite und ähnliches auftreten. In dieser Form ist die Multiplikatoranalyse vornehmlich entwickelt worden. Es sind aber durchaus auch andere Anwendungsmöglichkeiten vorhanden, wie das Beispiel des sogenannten Geldschöpfungsmultiplikators zeigt.

Um über die dargestellten rein trivial-arithmetischen Zusammenhänge hinauszukommen und zu einer theoretischen Analyse vorzudringen, müssen Annahmen über die Quotienten b_1 und b_2 gemacht werden. In der Regel wird vorausgesetzt, daß diese Quotienten konstant sind. Ist beispielsweise der Quotient b_1 für mehrere Wertepaare von X_1 und Y konstant, so läßt sich ein funktionaler Zusammenhang formulieren, der folgendermaßen dargestellt werden kann

(I. 1.5) $$X_1 = b_1 Y \ .$$

Diese Funktion, durch die eine Verhaltenshypothese in die Analyse eingeführt wird, bildet geometrisch eine durch den Nullpunkt gehende Grade mit der Steigung b_1. In diesem speziellen Fall gilt

(I. 1.6) $$\frac{X_1}{Y} = \frac{\Delta X_1}{\Delta Y} = \frac{dX_1}{dY} = b_1 \ .$$

Der Differentialquotient $\frac{dX_1}{dY}$ wird in zahlreichen von der ökonomischen Theorie aufgestellten Funktionalbeziehungen als „Neigung" oder „Hang" bezeichnet. Das Verhältnis $\frac{X_1}{Y}$ ist als Durchschnittsneigung definiert, während $\frac{dX_1}{dY}$ die Marginal- oder Grenzneigung bedeutet. Im allgemeinen wird man allerdings nicht von der durch (I. 1.6) beschriebenen Identität von Durchschnittsneigung und Grenzneigung ausgehen können. In der Regel wird vielmehr die Grenzneigung geringer sein als die Durchschnittsneigung, d. h. die Gleichung (I. 1.5) wird ein positives absolutes Glied enthalten. Vielfach lassen sich hierfür plausible Begründungen geben. So können beispielsweise die Konsumausgaben nicht unter einen bestimmten Wert sinken, der als volkswirtschaftliches Existenzminimum aufgefaßt werden kann. Denkbar sind aber auch negative absolute Glieder. In diesen Fällen ist die Marginalneigung größer als die Durchschnittsneigung. Wird das absolute Glied mit d bezeichnet, so erhält die durch die Gleichung (I. 1.5) gegebene Funktionalbeziehung die folgende Form

(I. 1.7) $$X_1 = b_1 Y + d_1 .$$

Auf ähnliche Weise läßt sich auch für X_2 eine Funktion ableiten

(I. 1.8) $$X_2 = b_2 Y + d_2 .$$

Die beiden Gleichungen (I. 1.7) und (I. 1.8) bilden zusammen mit der Definitionsgleichung (I. 1.3) ein vollständiges Gleichungssystem mit den drei unbekannten Variablen X_1, X_2 und Y sowie den Parametern b_1, b_2, d_1 und d_2. Die Einführung der Verhaltensgleichungen führt allerdings dazu, daß die Gleichung (I. 1.3) nicht mehr als Definitionsgleichung aufgefaßt werden kann. Da die Werte der Variablen nur simultan bestimmt werden können, muß sie als Gleichgewichtsbedingung interpretiert werden[4].

Wird das System nach Y aufgelöst, so ergibt sich

(I. 1.9) $$Y = \frac{1}{1 - b_1 - b_2}(d_1 + d_2) \qquad b_1 + b_2 \neq 1 .$$

Für den Fall, daß b_1 gleich Null ist, wird X_1 gleich dem konstanten Glied d_1 und (I. 1.9) reduziert sich auf

(I. 1.10) $$Y = \frac{1}{1 - b_2}(d_1 + d_2) .$$

Der in (I. 1.10) enthaltene Multiplikator ist identisch mit dem in (I. 1.2) gegebenen Multiplikator. Aber auch der in der Gleichung (I. 1.9) auftretende Faktor $\frac{1}{1 - b_1 - b_2}$ stellt einen Multiplikator dar.

Das System kann außer nach der Variablen Y auch nach den Variablen X_1 und X_2 aufgelöst werden. Wird Y mit Hilfe von (I. 1.3) aus den Gleichungen (I. 1.7) und (I. 1.8) eliminiert, so erhält man

$$X_1 = b_1 (X_1 + X_2) + d_1$$
$$X_2 = b_2 (X_1 + X_2) + d_2$$

bzw.

$$X_1 = b_1 X_1 + b_1 X_2 + d_1$$
$$X_2 = b_2 X_1 + b_2 X_2 + d_2 .$$

---

[4] Vgl. hierzu *Sauermann*, H.: Einführung in die Volkswirtschaftslehre, Bd. I, Wiesbaden 1960, S. 36/37 sowie *Giersch*, H.: Einige kontroverse Fragen der Multiplikatortheorie, in: Schneider, E. Hrsg.: Beiträge zur Multiplikatortheorie, Berlin 1954, S. 10/11.

In Matrixschreibweise lassen sich diese beiden Gleichungen auf folgende Weise darstellen

(I. 1.11) $$\begin{bmatrix} X_1 \\ X_2 \end{bmatrix} = \begin{bmatrix} b_1 & b_1 \\ b_2 & b_2 \end{bmatrix} \begin{bmatrix} X_1 \\ X_2 \end{bmatrix} + \begin{bmatrix} d_1 \\ d_2 \end{bmatrix}$$

oder

(I. 1.12) $$\mathfrak{x} = \mathfrak{B}\,\mathfrak{x} + \mathfrak{d} \;.$$

Für den Spaltenvektor der Variablen X_1 und X_2 ergibt sich daraus

(I. 1.13) $$\mathfrak{x} = (\mathfrak{E} - \mathfrak{B})^{-1}\,\mathfrak{d} \;.$$

Hierin bezeichnet $\mathfrak{E}$ die Einheitsmatrix. Durch die inverse Matrix[5] $(\mathfrak{E}-\mathfrak{B})^{-1}$ sind die Multiplikatoren bestimmt. Sie lautet für den hier behandelten einfachen Fall, daß das System nur aus zwei Gleichungen besteht, folgendermaßen

(I. 1.14) $$(\mathfrak{E} - \mathfrak{B})^{-1} = \begin{bmatrix} \dfrac{1 - b_2}{1 - b_1 - b_2} & \dfrac{b_1}{1 - b_1 - b_2} \\ \dfrac{b_2}{1 - b_1 - b_2} & \dfrac{1 - b_1}{1 - b_1 - b_2} \end{bmatrix}$$

$$= \frac{1}{1 - b_1 - b_2} \begin{bmatrix} 1 - b_2 & b_1 \\ b_2 & 1 - b_1 \end{bmatrix} \;.$$

Als Lösungen erhält man

(I. 1.15)
$$X_1 = \frac{1}{1 - b_1 - b_2}\,[(1 - b_2)\,d_1 + b_1 d_2]$$
$$X_2 = \frac{1}{1 - b_1 - b_2}\,[b_2 d_1 + (1 - b_1)\,d_2] \;.$$

Für den Sonderfall, daß $b_1 = 0$ ist, ergibt sich

(I. 1.16)
$$X_1 = d_1$$
$$X_2 = \frac{1}{1 - b_2}\,[b_2 d_1 + d_2] \;.$$

Besteht die Gesamtgröße Y aus mehr als zwei Teilgrößen, d. h. ist $n > 2$, so treten kompliziertere Multiplikatoren auf; es entstehen jedoch

---

[5] Die Inversion ist nur möglich, wenn die Matrix $(\mathfrak{E} - \mathfrak{B})$ nicht singulär ist, d. h. wenn ihre Determinante von Null verschieden ist.

Teil I: Theoretische Grundlagen

keine grundsätzlich neuen Probleme. Als Multiplikatorgleichung für Y bekommt man dann

(I.1.17) $\quad Y = \dfrac{1}{1 - b_1 - b_2 - \ldots - b_n}(d_1 + d_2 + \ldots + d_n) \quad \sum\limits_{i=1}^{n} b_i \neq 1$.

Die Multiplikatoren für die n Teilgrößen X_i ($i = 1, \ldots, n$) lassen sich nach (I.1.13) bestimmen. Der Vektor $\mathfrak{x}$ enthält jetzt statt zwei n Variablen, ebenso besteht der Vektor $\mathfrak{b}$ aus n absoluten Gliedern. Die Ordnung der Matrix $\mathfrak{B}$ erhöht sich von zwei auf n. In den Fällen, in denen einige der Parameter $b_1, \ldots, b_n$ gleich Null sind, werden die Zusammenhänge allerdings erheblich einfacher und überschaubarer. Das geht bereits deutlich aus einem Vergleich von (I.1.15) und (I.1.16) hervor. Ob jedoch derartige Vereinfachungen vorgenommen werden können, läßt sich jeweils nur unter Berücksichtigung des Untersuchungsgegenstandes und der Problemstellung entscheiden.

b) Lag-Hypothesen in makroökonomischen Verhaltensfunktionen

Bei den bisherigen Überlegungen wurde davon abgesehen, daß jede wirtschaftliche Tätigkeit zeitgebunden ist, d. h. sich in bestimmten Zeiträumen oder zu bestimmten Zeitpunkten vollzieht. Insofern sind sämtliche ökonomischen Variablen in irgendeiner Weise „zeitliche" Variablen. Eine Möglichkeit, dieser Tatsache in der ökonomischen Theorie Rechnung zu tragen, besteht darin, die verschiedenen Werte, die eine Variable im Zeitablauf annimmt, bestimmten Perioden zuzuordnen und sie mit sogenannten Zeitindices zu versehen. Wird eine dieser Perioden mit t bezeichnet, so können die dieser Periode vorangegangenen Zeiträume mit $t-1, t-2, \ldots, t-p$ beschrieben werden. Ebenso werden die auf die Periode t folgenden Perioden mit den Indices $t+1, t+2, \ldots, t+p$ bezeichnet. Schematisch lassen sich die aufeinanderfolgenden Werte einer ökonomischen Variablen Y folgendermaßen darstellen:

Zeit	$t-p$ ... $t-1$ $\quad t \quad$ $t+1$ .... $t+p$
Variablen-werte	$Y(t-p)$ ... $Y(t-1)\ Y(t)\ Y(t+1)$ .... $Y(t+p)$

Die im vorangegangenen Unterabschnitt beschriebene Verhaltensgleichung (I.1.7) würde unter der Voraussetzung, daß sich der Zusammenhang auf Variablenwerte des gleichen mit dem Index t repräsentierten Zeitraums bezieht, wie folgt lauten

(I.1.18) $\qquad X_1(t) = b_1 Y(t) + d_1$.

Auf die gleiche Weise könnten auch die anderen Variablen mit dem Zeitindex t versehen werden. Die dadurch erreichte „Periodisierung" des Systems bedeutet jedoch noch nichts wesentlich Neues. Anstelle der bisherigen „zeitlosen" Variablen treten dadurch lediglich Variable, die an den gleichen Zeitraum gebunden sind. Vielfach ist es aber möglich, funktionale Zusammenhänge zwischen Variablen verschiedener Perioden herzustellen. Der Wert der Variablen X_1 in der Periode t kann beispielsweise von dem Wert der Variablen Y in der Periode $t-1$ abhängen. Durch die Einführung solcher zeitlichen Verzögerungen (Lags) zwischen den Variablen wird der Übergang von der statischen oder komparativ-statischen zur dynamischen Betrachtungsweise vollzogen. Mit Hilfe von Gleichungen oder Gleichungssystemen, in denen Variable enthalten sind, die sich auf verschiedene Zeiträume beziehen, ist es nämlich möglich, den zeitlichen Verlauf der Variablen zu erklären. Dabei stellt die Abhängigkeit zwischen Variablen zweier aufeinander folgender Perioden den einfachsten Fall einer Lag-Hypothese dar. Denkbar sind wesentlich kompliziertere Zusammenhänge, bei denen eine Variable etwa von den Werten einer anderen Variablen weiter zurückliegender oder mehrerer vorangegangener Zeiträume abhängt. Bei den folgenden Überlegungen soll jedoch lediglich eine Verzögerung von einer Periode angenommen werden. Unter dieser Voraussetzung erhält die makroökonomische Verhaltensfunktion (I. 1.18) die folgende Form

(I. 1.19) $$X_1(t) = b_1 Y(t-1) + d_1 .$$

Ob die Werte von X_1 und Y verschiedenen Perioden zugeordnet werden können, hängt von der zugrundeliegenden Periodenlänge ab. Umfaßt die Periode die gesamte Zeitspanne, so müssen sämtliche Variablen der gleichen Periode zugerechnet werden, umfaßt sie dagegen nur einen (infinitesimal) kurzen Zeitpunkt, so gehören alle Variablen verschiedenen Perioden an. Beide Fälle sind für eine sinnvolle Periodenanalyse gleich uninteressant. Zusätzliche Erkenntnisse verspricht allein die Aufdeckung zeitlicher Verzögerungen bei endlicher Periodenlänge. Damit spitzt sich das Problem auf die Frage zu, wie die Länge der Einheitsperiode[6] (das ist jene Zeitspanne, die als Maßeinheit zugrundegelegt werden soll) im einzelnen bestimmt werden kann. Um zwei Variablen verschiedenen Zeiträumen zuordnen zu können, darf die Periodenlänge höchstens dem zeitlichen Abstand zwischen den beiden ökonomischen Handlungen (Transaktionen) oder Zuständen, die durch die Variablenwerte repräsentiert werden, entsprechen.

---

[6] Über den Begriff der Einheitsperiode vgl. *Hoppmann*, E.: Die Periodenanalyse als Theorie der volkswirtschaftlichen Dynamik, Berlin 1956, S. 12 ff. und S. 40 ff.

Besteht ein wirtschaftliches System lediglich aus Haushalten und Unternehmen, so stellen jene Transaktionen, an denen sowohl Haushalte als auch Unternehmen beteiligt sind, den sogenannten Einkommenskreislauf dar. Für diesen Kreislauf hat Metzler[7] drei wichtige Lags beschrieben, nämlich 1. die Zeitspanne zwischen dem Empfang von Einkommen durch die Haushalte und der Verausgabung dieser Einkommen (household-expenditure-lag oder Robertson-Lag)[8], 2. die Zeitspanne zwischen der Erzielung von Verkaufserlösen durch die Unternehmen und der dadurch bestimmten Höhe der Produktion (output-lag oder Lundberg-Lag)[9] und 3. die Zeitspanne zwischen der Entstehung von Einkommen im Produktionsprozeß und ihrer Verteilung an die Haushalte (earning-lag oder Metzler-Lag)[10]. Die gesamte Zeit, die ein Einkommensteil benötigt, um den Einkommenskreislauf von den Haushalten über die Unternehmen zu den Haushalten zurück zu durchlaufen, kann mit Machlup als Einkommensentstehungsperiode bezeichnet werden[11]. Daneben unterscheidet Machlup sogenannte Transaktionsperioden[12]. Er versteht darunter jene Zeitspanne, die vom Zeitpunkt der

---

[7] *Metzler*, L. A.: Three Lags in the Circular Flow of Income, in: Income, Employment and Public Policy, Essays in Honor of Alvin H. Hansen, New York 1948, S. 11—32.

[8] Dieser Lag geht auf D. H. Robertson zurück, der ihn zuerst verwendete. Vgl. *Robertson*, D. H.: Banking Policy and the Price Level, London 1926, 4th rev. print. 1949, S. 59 und ders.: Saving and Hoarding, Economic Journal, 43, 1933, S. 399. Auch Kahn wies bereits 1931 auf das Problem der zeitlichen Verzögerung zwischen Ausgaben und Einkommen hin, „because wages and profits are not spent quite as soon as they are earned". Siehe *Kahn*, R. F.: The Relation of Home Investment to Unemployment, Economic Journal, 41, 1931, Anm. 7) S. 183. Der Robertson-Lag ist vielfach zur Konstruktion von dynamischen Konsumfunktionen verwendet worden. Vgl. hierzu die zusammenfassende Darstellung bei *Bössmann*, E.: Probleme einer dynamischen Theorie der Konsumfunktion, Berlin 1957, S. 21—27. Besondere Bedeutung erlangten solche dynamischen Konsumfunktionen in der Konjunkturtheorie, insbesondere in den Modellen von Samuelson und Hicks. Vgl. *Samuelson*, P. A.: Interactions between the Multiplier Analysis and the Principle of Acceleration, Review of Economic Statistics, 21, 1939, S. 75—78 und *Hicks*, J. R.: A Contribution to the Theory of the Trade Cycle, Oxford 1950. Im Prinzip läßt sich der Robertson-Lag jedoch auch zur Aufstellung von Verhaltensfunktionen für andere Ausgabenkategorien verwenden.

[9] *Lundberg*, E.: Studies in the Theory of Economic Expansion, London 1937, repr. New York 1954, S. 187/188. Mit ähnlichen Lags arbeiten *Metzler*, L. A.: The Nature and Stability of Inventory Cycles, Review of Economic Statistics, 23, 1941, S. 113—129 und *Böhi*, H.: Die Konkurrenz im Modell der dynamischen Wirtschaft, in: Konkurrenz und Planwirtschaft, Bern 1946, S. 126 ff. Vgl. auch *Ackley*, G.: The Multiplier Time Period: Money, Inventories, and Flexibility, American Economic Review, 41, 1951, section II, S. 355—367 und *Goodwin*, R. M.: The Multiplier, in: Harris, S. ed.: The New Economics. Keynes' Influence on Theory and Public Policy, London 1949, S. 487 ff.

[10] *Metzler*, L. A.: Three Lags in the Circular Flow ..., a. a. O., S. 16/17.

[11] *Machlup*, F.: Period Analysis and Multiplier Theory, Quarterly Journal of Economics, 54, 1939, S. 5. Das gesamte Einkommen der Haushalte ist dabei als Volkseinkommen definiert.

[12] *Machlup*, F.: Period Analysis ..., a. a. O., S. 2 ff.

Vereinnahmung eines Betrages bis zum Zeitpunkt seiner Verausgabung verstreicht. Für das bisher zugrundegelegte überaus einfache, nur aus zwei Gruppen von Wirtschaftssubjekten bestehende System lassen sich zwei Transaktionsperioden beschreiben, nämlich 1. die Zeit zwischen dem Einkommensempfang und der Einkommensverwendung bei den Haushalten, die dem expenditure-lag entspricht, und 2. die Zeit zwischen den Verkäufen und der Einkommensausteilung durch die Unternehmen, die gleich der Summe aus output-lag und earning-lag ist.

Ob den hypothetischen Lags eine reale Bedeutung zukommt, läßt sich nur anhand von empirischen Untersuchungen nachweisen. Metzler kommt zu dem Schluß, daß der expenditure-lag sehr kurz ist im Vergleich zu den beiden anderen Lags und möglicherweise vernachlässigt werden kann[13]. Häufig wird jedoch das vorliegende statistische Material einer exakten Bestimmung der Lags entgegenstehen. Vielfach wird man sogar gezwungen sein, mit einheitlichen Lags zu arbeiten, eine Vereinfachung, die zweifelsohne höchst problematisch ist. Als Einheitsperiode muß in der Regel ein von der Statistik vorgegebener Zeitraum, etwa ein Monat, ein Vierteljahr oder ein Jahr, zugrunde gelegt werden.

Für dynamische Multiplikatoranalysen wird im allgemeinen der Robertson-Lag verwendet. Es können aber durchaus auch andere Lags des Einkommenskreislaufes herangezogen werden[14]. Da das Multiplikatorprinzip — wie bereits im vorangegangenen Unterabschnitt erwähnt wurde — auch auf Probleme übertragen werden kann, die nicht unmittelbar mit der Entstehung und Verwendung von Einkommen in Zusammenhang stehen, erscheint es darüber hinaus möglich, daß noch weitere Reaktionsverzögerungen in dynamischen Multiplikatorbeziehungen auftreten können. Inwieweit dabei der Name Multiplikator für die Analyse des Einkommenskreislaufes reserviert werden sollte, ist eine Frage von geringerer Bedeutung.

Koyck hat versucht, die verschiedenen Ursachen möglicher Lags zu klassifizieren[15]. Er unterscheidet dabei zwischen objektiven (technologischen und institutionellen) sowie subjektiven Ursachen[16]. Beispiele für technologische Faktoren sind etwa die Zeitdauer von Produktionsprozessen und die Dauerhaftigkeit der produzierten Güter. Institutionell begründet sind beispielsweise Lags, die auf dem zeitlichen Abstand von Lohn-, Zins- und Dividendenzahlungen beruhen. Unter die sub-

---

[13] *Metzler*, L. A.: Three Lags in the Circular Flow..., a. a. O., S. 30 ff. Zu der möglichen Länge der verschiedenen Lags vgl. auch *Gottlieb*, M.: The Multiplier (Secondary Wave), Economia Internazionale, 13, 1960, S. 419—448.
[14] Als Beispiel einer Multiplikatoranalyse mit dem Lundberg-Lag vgl. *Eisner*, R.: The Invariant Multiplier, Review of Economic Studies, 17, 1949/1950, S. 182—202.
[15] *Koyck*, L. M.: Distributed Lags and Investment Analysis, Amsterdam 1954, S. 6 ff.
[16] Ebenso *Hegeland*, H.: a. a. O., S. 124.

jektiven Ursachen für Reaktionsverzögerungen fallen z. B. psychologisch verankerte Gewohnheiten und unvollkommene Marktübersicht. Letztlich finden alle Lags ihren Ausdruck darin, daß die Pläne der verschiedenen Entscheidungseinheiten nicht aufeinander abgestimmt, d. h. nicht koordiniert sind[17]. In zahlreichen Fällen wirken vermutlich bei der Entstehung eines Lags mehrere Ursachen zusammen. Zudem dürften die Verzögerungen im Verhalten der einzelnen Entscheidungseinheiten unterschiedlich lang sein, so daß im Wege der Durchschnittsbildung ermittelte gesamtwirtschaftliche Lags stark heterogen sind, eine Tatsache, auf die besonders Hoppmann[18] hinweist. Eine Möglichkeit, diesen Schwierigkeiten im Rahmen gesamtwirtschaftlicher Modelle Rechnung zu tragen, besteht darin, anstelle einfacher Lags sogenannte verteilte Lags (distributed lags) zu verwenden[19], bei denen die abhängige Variable von den Werten der unabhängigen Variablen mehrerer vorangegangener Perioden abhängt.

c) Die Lösungen eines einfachen dynamischen Multiplikatormodells

Mit Hilfe der im vorangegangenen Unterabschnitt abgeleiteten Form einer dynamischen Verhaltensfunktion läßt sich ein einfaches Multiplikatormodell bilden. Ähnlich wie für die Teilgröße $X_1(t)$ kann auch für die Teilgröße $X_2(t)$ eine dynamische Beziehung zur Gesamtgröße $Y(t)$ hergestellt werden. Zusammen mit der Identitätsgleichung (bzw. der Gleichgewichtsbedingung) enthält das auf diese Weise entstehende Modell die folgenden drei Gleichungen

(I. 1.20)
$$Y(t) = X_1(t) + X_2(t)$$
$$X_1(t) = b_1 Y(t-1) + d_1$$
$$X_2(t) = b_2 Y(t-1) + d_2 \, .$$

Wird das System nach $Y(t)$ aufgelöst, so erhält man

(I. 1.21)
$$Y(t) = (b_1 + b_2) Y(t-1) + d_1 + d_2 \, .$$

Die Gleichung (I. 1.21) stellt eine lineare inhomogene Differenzengleichung erster Ordnung mit konstanten Koeffizienten dar[20]. Zur

---

[17] *Geyer*, H.: Untersuchungen über die Theorie des dynamischen makroökonomischen Kernprozesses, Berlin 1957, S. 92 ff. und *Turvey*, R.: Some Notes on Multiplier Theory, American Economic Review, 43, 1953, S. 275—295, insbesondere S. 292 ff.
[18] *Hoppmann*, E.: a. a. O., S. 121 ff.
[19] *Koyck*, L. M.: a. a. O., S. 9.
[20] Die Technik zur Lösung solcher Gleichungen ist beschrieben bei *Ott*, A. E.: Einführung in die dynamische Wirtschaftstheorie, Göttingen 1963, S. 47 ff. Vgl. aber auch *Samuelson*, P. A.: Dynamic Process Analysis, in: Ellis,

Erster Abschnitt: Die dynamische Multiplikatortheorie

Lösung solcher Gleichungen wird zunächst eine sogenannte partikuläre Lösung $\overline{Y}(t)$, für die $\overline{Y}(t) = \overline{Y}(t-1)$ gilt, ermittelt. Hierzu läßt sich folgender Ansatz verwenden

(I. 1.22) $\qquad \overline{Y}(t) = (b_1 + b_2)\,\overline{Y}(t) + d_1 + d_2$.

Daraus ergibt sich als partikuläre Lösung

(I. 1.23) $\qquad \overline{Y}(t) = \dfrac{1}{1 - b_1 - b_2}\,(d_1 + d_2)$.

Diese Lösung ist identisch mit der im ersten Unterabschnitt abgeleiteten statischen Lösung[21] (I. 1.9). Der nächste Schritt besteht darin, die reduzierte Form zu bilden. Es ist

$$Y(t) = (b_1 + b_2)\,Y(t-1) + d_1 + d_2$$
$$\overline{Y}(t) = (b_1 + b_2)\,\overline{Y}(t-1) + d_1 + d_2 .$$

Nach einer Subtraktion folgt daraus

$$Y(t) - \overline{Y}(t) = (b_1 + b_2)\,[Y(t-1) - \overline{Y}(t-1)] .$$

Hierfür wird abgekürzt geschrieben

(I. 1.24) $\qquad Y'(t) = (b_1 + b_2)\,Y'(t-1)$.

Damit ist das Ziel der vorgenommenen Operationen, die Reduzierung der ursprünglich inhomogenen Differenzengleichung (I. 1.21) auf eine homogene Differenzengleichung, nämlich (I. 1.24), erreicht. Diese läßt sich von einem Anfangswert $Y'(t-1) = Y'(0)$ aus folgendermaßen entwickeln

$$Y'(0) = Y'(0)$$
$$Y'(1) = (b_1 + b_2)\,Y'(0)$$
$$Y'(2) = (b_1 + b_2)\,Y'(1) \quad = (b_1 + b_2)^2\,Y'(0)$$
(I. 1.25) $\quad Y'(3) = (b_1 + b_2)\,Y'(2) \quad = (b_1 + b_2)^3\,Y'(0)$

$$Y'(t) = (b_1 + b_2)\,Y'(t-1) \quad = (b_1 + b_2)^t\,Y'(0) .$$

H. S. ed.: A Survey of Contemporary Economics, Philadelphia 1949, S. 364 ff., *Baumol*, W. J.: Economic Dynamics, 2nd ed., New York 1959, S. 158 ff. und *Allen*, R. G. D.: Mathematical Economics, London 1957, S. 183 ff.
[21] Vgl. S. 12.

Für $Y'(0)$ gilt aber $Y'(0) = Y(0) - \overline{Y}(0)$, so daß

$$Y'(t) = (b_1 + b_2)^t [Y(0) - \overline{Y}(0)]$$

ist. Die partikuläre Lösung $\overline{Y}(0)$ wird für jedes t, also auch für $t = 0$, durch (I.1.23) gegeben. Nach dem Einsetzen erhält man als Lösung der homogenen Differenzengleichung (I.1.24)

(I.1.26) $\qquad Y'(t) = (b_1 + b_2)^t [Y(0) - \dfrac{1}{1 - b_1 - b_2} (d_1 + d_2)]$.

Wird berücksichtigt, daß $Y(t) = Y'(t) + \overline{Y}(t)$ ist, so ergibt sich aus der Zusammenfassung der Lösungen (I.1.23) und (I.1.26) die allgemeine Lösung der inhomogenen Differenzengleichung (I.1.21)

(I.1.27) $\qquad Y(t) = (b_1 + b_2)^t [Y(0) - \dfrac{1}{1 - b_1 - b_2} (d_1 + d_2)]$

$\qquad\qquad\quad + \dfrac{1}{1 - b_1 - b_2} (d_1 + d_2)$.

Die Lösung (I.1.27) stellt die Werte von $Y(t)$ als Funktion der Parameter b_1, b_2, d_1 und d_2, des Anfangswertes $Y(0)$ sowie der Zeit t dar. Sind die Parameter und der Anfangswert bekannt, so läßt sich $Y(t)$ für verschiedene (aufeinanderfolgende) Werte von t berechnen. Insofern wird der zeitliche Verlauf von $Y(t)$ durch die Gleichung (I.1.27) bestimmt. Von entscheidender Bedeutung ist dabei allerdings nur der durch (I.1.26) gegebene erste Teil der Lösung. Man kann diesen Teil deshalb auch als dynamische Lösung bezeichnen, im Gegensatz zur statischen Lösung, die durch den zweiten — die partikuläre Lösung darstellenden — Teil von (I.1.27) gebildet wird. Der zeitliche Verlauf von $Y(t)$ wird bei fortlaufendem t durch den Ausdruck $(b_1 + b_2)^t$ bestimmt, da es sich bei den übrigen Ausdrücken um Konstanten handelt. Ist die Summe der beiden Parameter b_1 und b_2 größer als Null, so ergibt sich ein monoton steigender oder fallender Verlauf. Wenn $(b_1 + b_2)$ kleiner als Null ist, treten kurzfristige Schwankungen auf, bei denen Aufwärts- und Abwärtsbewegungen von Periode zu Periode aufeinander folgen. Ist die Parametersumme dem Betrage nach kleiner als eins, so nähert sich die Größe $Y(t)$ bei wachsendem t der statischen Lösung, da in diesem Fall $\lim\limits_{t \to \infty} (b_1 + b_2)^t = 0$ ist[22]. Außer den bisher behandelten Lösungen gibt es einen — praktisch allerdings weniger

---

[22] Eine vollständige Übersicht über sämtliche möglichen Fälle gibt *Ott*, A. E.: a. a. O., S. 59. Vgl. auch *Henn*, R.: Über dynamische Wirtschaftsmodelle, Stuttgart 1957, S. 37/38.

Erster Abschnitt: Die dynamische Multiplikatortheorie 21

bedeutsamen — Sonderfall. Für den Fall, daß die Summe der Parameter b_1 und b_2 gerade gleich eins ist, versagen die bisherigen Lösungsansätze[23].

Neben der zeitlichen Entwicklung von $Y(t)$ interessiert aber auch der Verlauf der Teilgrößen $X_1(t)$ und $X_2(t)$. Wird die Gesamtgröße $Y(t)$ aus dem ursprünglichen Gleichungssystem (I. 1.20) eliminiert, so erhält man die beiden Gleichungen

$$X_1(t) = b_1 [X_1(t-1) + X_2(t-1)] + d_1$$
$$X_2(t) = b_2 [X_1(t-1) + X_2(t-1)] + d_2 ,$$

die sich folgendermaßen in Matrixform schreiben lassen

(I. 1.28) $$\begin{bmatrix} X_1(t) \\ X_2(t) \end{bmatrix} = \begin{bmatrix} b_1 & b_1 \\ b_2 & b_2 \end{bmatrix} \begin{bmatrix} X_1(t-1) \\ X_2(t-1) \end{bmatrix} + \begin{bmatrix} d_1 \\ d_2 \end{bmatrix}$$

oder

(I. 1.29) $$\mathfrak{x}(t) = \mathfrak{B}\,\mathfrak{x}(t-1) + \mathfrak{d} .$$

Die Gleichung (I. 1.29) stellt ein System von linearen inhomogenen Differenzengleichungen erster Ordnung mit konstanten Koeffizienten dar, das nach der gleichen Methode gelöst werden kann wie die einzelne Differenzengleichung (I. 1.21). In dem vorliegenden Fall besteht das System zwar nur aus zwei Gleichungen. Für Systeme mit mehr als zwei Gleichungen ergeben sich jedoch keine grundsätzlich neuen Probleme, abgesehen davon, daß die Zusammenhänge komplizierter werden und der Umfang der Rechenvorgänge zunimmt. Als partikuläre Lösung erhält man nach dem gleichen Ansatz wie für die Differenzengleichung (I. 1.21)

(I. 1.30) $$\bar{\mathfrak{x}}(t) = \mathfrak{B}\,\bar{\mathfrak{x}}(t) + \mathfrak{d}$$

und daraus

(I. 1.31) $$\bar{\mathfrak{x}}(t) = (\mathfrak{E} - \mathfrak{B})^{-1}\,\mathfrak{d} .$$

Diese Lösung entspricht der bereits im ersten Unterabschnitt behandelten Matrixgleichung (I. 1.12) und führt zu den dort unter (I. 1.15) dargestellten Skalarlösungen[24].

Zur Ableitung der dynamischen Lösung wird die reduzierte Form gebildet

(I. 1.32) $$\mathfrak{x}'(t) = \mathfrak{B}\,\mathfrak{x}'(t-1) .$$

---

[23] Über die dabei auftretenden Schwierigkeiten vgl. Ott, A. E.: a. a. O., S. 53 ff. Als Lösung ergibt sich in diesem Fall
$$Y(t) = Y(0) + (d_1 + d_2)\,t .$$

[24] Vgl. S. 13.

Unter Berücksichtigung eines Vektors von Anfangsbedingungen $\mathfrak{x}'(0)$ verläuft die Entwicklung nach dem gleichen Schema wie bei der einzelnen Differenzengleichung und ergibt

(I. 1.33) $\qquad \mathfrak{x}'(t) = \mathfrak{B}^t \, \mathfrak{x}'(0)$.

Da jedoch $\mathfrak{x}'(0) = \mathfrak{x}(0) - \bar{\mathfrak{x}}(0)$ ist, erhält man als dynamische Matrixlösung

(I. 1.34) $\qquad \mathfrak{x}'(t) = \mathfrak{B}^t \, [\mathfrak{x}(0) - (\mathfrak{E} - \mathfrak{B})^{-1} \, \mathfrak{b}]$.

Die allgemeine Matrixlösung des durch die Gleichung (I. 1.29) gegebenen Systems von linearen inhomogenen Differenzengleichungen, die durch die Zusammenfassung der statischen (partikulären) und der dynamischen Lösung gebildet wird, lautet also

(I. 1.35) $\qquad \mathfrak{x}(t) = \mathfrak{B}^t \, [\mathfrak{x}(0) - (\mathfrak{E} - \mathfrak{B})^{-1} \, \mathfrak{b}] + (\mathfrak{E} - \mathfrak{B})^{-1} \, \mathfrak{b}$.

Um den zeitlichen Verlauf der Variablen $X_1(t)$ und $X_2(t)$ durchsichtiger beschreiben zu können, müssen neben der Matrixlösung auch die Skalarlösungen ermittelt werden. Dabei sind die statischen Skalarlösungen, wie erwähnt, bereits bekannt. Zur Ableitung der dynamischen Skalarlösungen wird folgender Lösungsansatz gebildet

(I. 1.36) $\qquad \mathfrak{x}'(t) = \lambda \, \mathfrak{x}'(t-1)$.

In diesem Ansatz stellt die Größe λ einen Operator dar, dessen Werte im einzelnen zu bestimmen sind. Aus (I. 1.32) und (I. 1.36) erhält man

$$\mathfrak{B} \, \mathfrak{x}'(t-1) = \lambda \, \mathfrak{x}'(t-1)$$.

Nach einer Umformung ergibt sich daraus

$$(\lambda \, \mathfrak{E} - \mathfrak{B}) \, \mathfrak{x}'(t-1) = 0$$.

Das führt im Fall eines nicht-stationären Systems, für das der Vektor $\mathfrak{B} \, \mathfrak{x}'(t-1)$ ungleich 0 ist, zu der Determinantengleichung

(I. 1.37) $\qquad |\lambda \, \mathfrak{E} - \mathfrak{B}| = 0$.

Die Gleichung (I. 1.37) wird als charakteristisches Polynom oder als charakteristische Gleichung bezeichnet. Ihre Lösungen heißen Wurzeln oder Eigenwerte der Matrix $\mathfrak{B}$. In dem hier behandelten einfachen Fall, in dem die Gesamtgröße $Y(t)$ sich lediglich aus zwei Teilgrößen $X_1(t)$ und $X_2(t)$ zusammensetzt, ist die Matrix $\mathfrak{B}$ von der Ordnung zwei. In entwickelter Form stellt die Determinantengleichung (I. 1.37) deshalb

Erster Abschnitt: Die dynamische Multiplikatortheorie

ein Polynom zweiten Grades, d. h. eine quadratische Gleichung dar. Im einzelnen ergibt sich

$$(\text{I. 1.38}) \qquad \begin{vmatrix} \lambda - b_1 & -b_1 \\ -b_2 & \lambda - b_2 \end{vmatrix} = \lambda^2 - (b_1 + b_2)\lambda = 0 \,.$$

Als Lösungen des charakteristischen Polynoms erhält man in diesem Fall die beiden Eigenwerte

$$\lambda_1 = b_1 + b_2$$
$$\lambda_2 = 0 \,.$$

Beide Wurzeln stellen, zur Potenz t erhoben, eine spezielle Lösung des Systems (I. 1.36) für den Zeitraum t dar. Auch Summen dieser Potenzen sind Lösungen, so daß

$$X'_1(t) = \lambda_1^t + \lambda_2^t$$
$$X'_2(t) = \lambda_1^t + \lambda_2^t$$

gilt. Ebenfalls eine Lösung erhält man, wenn die Potenzen der Eigenwerte mit bestimmten Konstanten K_{ij} multipliziert werden

$$X'_1(t) = \lambda_1^t K_{11} + \lambda_2^t K_{12}$$
$$X'_2(t) = \lambda_1^t K_{21} + \lambda_2^t K_{22} \,.$$

Wird berücksichtigt, daß $\lambda_2 = 0$ ist und daß $\mathfrak{x}'(t) = \mathfrak{x}(t) - \bar{\mathfrak{x}}$ ist, so ergibt sich

$$X_1(t) = \bar{X}_1 + \lambda_1^t K_{11}$$
$$X_2(t) = \bar{X}_2 + \lambda_1^t K_{21} \,.$$

Sind für $t = 0$ bestimmte Anfangswerte $X_1(0)$ und $X_2(0)$ bekannt, so erhält man

$$X_1(0) = \bar{X}_1 + K_{11}$$
$$X_2(0) = \bar{X}_2 + K_{21} \,,$$

woraus sich die Konstanten K_{11} und K_{21} leicht bestimmen lassen. Da $\lambda_1 = b_1 + b_2$ ist, ergeben sich als dynamische Skalarlösungen

$$X'_1(t) = (b_1 + b_2)^t [X_1(0) - \bar{X}_1]$$
$$X'_2(t) = (b_1 + b_2)^t [X_2(0) - \bar{X}_2] \,.$$

Unter Einbeziehung der in (I. 1.15) gegebenen statischen Skalarlösungen[25] erhält man als allgemeine Skalarlösungen

(I. 1.39)
$$X_1(t) = (b_1 + b_2)^t \left\{ X_1(0) - \frac{1}{1 - b_1 - b_2} [(1 - b_2) d_1 + b_1 d_2] \right\}$$
$$+ \frac{1}{1 - b_1 - b_2} [(1 - b_2) d_1 + b_1 d_2]$$

$$X_2(t) = (b_1 + b_2)^t \left\{ X_2(0) - \frac{1}{1 - b_1 - b_2} [(1 - b_1) d_2 + b_2 d_1] \right\}$$
$$+ \frac{1}{1 - b_1 - b_2} [(1 - b_1) d_2 + b_2 d_1] .$$

Sie weisen die gleiche Struktur auf wie die Lösung für die Gesamtgröße[26] $Y(t)$. Der zeitliche Verlauf von $X_1(t)$ und $X_2(t)$ erfolgt daher in der gleichen Form wie der der Gesamtgröße. Trotzdem kann die zeitliche Entwicklung der einzelnen Teilgrößen und der Gesamtgröße divergieren, je nachdem, welche Werte die jeweiligen Anfangsbedingungen aufweisen. Auch wenn die Anzahl der Teilgrößen von zwei auf $n > 2$ erweitert wird, hat die charakteristische Gleichung nur einen einzigen von Null verschiedenen Eigenwert, so daß die Lösungen auf eine ähnliche Weise zusammengesetzt sind. In diesem Fall hat das charakteristische Polynom nämlich die Form

$$\lambda^n - (b_1 + b_2 + \ldots + b_n) \lambda^{n-1} = 0$$

oder

$$\lambda^{n-1} [\lambda - (b_1 + b_2 + \ldots + b_n)] = 0 .$$

Daraus folgt, daß $n - 1$ Wurzeln gleich Null und eine Wurzel gleich $\lambda_d = b_1 + b_2 + \ldots + b_n$ sein müssen.

---

[25] Vgl. S. 13.
[26] Vgl. S. 20.

Zweiter Abschnitt

Die Theorie des Sektorenmultiplikators

a) Dynamische Ausgabenfunktionen in einem Mehr-Sektoren-Modell

Bei der Darstellung der Theorie des einfachen Multiplikators wurde im wesentlichen von rein formalen Beziehungen ausgegangen. Im folgenden soll dagegen ein ganz bestimmter Typ dynamischer Verhaltensfunktionen, nämlich sogenannte Ausgabenfunktionen, verwendet werden. In jedem wirtschaftlichen System lassen sich die einzelnen Wirtschaftssubjekte zu Gruppen von Entscheidungseinheiten bzw. die verschiedenen von diesen Subjekten ausgeübten wirtschaftlichen Aktivitäten zu bestimmten Gruppen von Wirtschaftstätigkeiten zusammenfassen. So können beispielsweise sämtliche privaten Haushalte einer Volkswirtschaft zu einem Sektor Haushalte aggregiert werden. Auf ähnliche Weise lassen sich für einzelne Gruppen von Haushalten, etwa Arbeitnehmerhaushalten, Rentnerhaushalten, Selbständigenhaushalten usw., Sektoren bilden. Das gleiche kann für die Unternehmen geschehen. Ebenso können statt einzelner Wirtschaftseinheiten einzelne Aktivitäten, beispielsweise Investition, Produktion, Verbrauch, aggregiert werden. Die Frage, ob ein wirtschaftliches System institutionell (nach Entscheidungseinheiten) oder funktionell (nach Aktivitäten) zu gliedern ist, läßt sich jeweils nur mit Hilfe der vorliegenden Problemstellung beantworten. Die bei der Aggregation und Sektorenbildung auftretenden theoretischen und praktischen Schwierigkeiten sind allerdings beachtlich und bisher noch nicht befriedigend gelöst[27].

Im weiteren wird ein makroökonomisches System zugrundegelegt, das in mehrere institutionell gegliederte Sektoren unterteilt ist. Zwischen den verschiedenen Sektoren eines solchen wirtschaftlichen Systems fließen bestimmte Leistungsströme. Es werden beispielsweise Waren und Dienstleistungen gekauft, Löhne und Gehälter gezahlt, Gewinne ausgeschüttet, Steuern erhoben und vieles andere mehr. Die aus einem Sektor herausfließenden Ströme werden als seine Ausgaben, die in ihn hineinfließenden Ströme als seine Einnahmen bezeichnet.

---

[27] Vgl. dazu etwa *Theil*, H.: Linear Aggregation of Economic Relations, Amsterdam 1954.

Umsätze innerhalb eines Sektors stellen dabei für diesen sowohl Ausgaben als auch Einnahmen dar. In einem geschlossenen System müssen die gesamten Ausgaben aller Sektoren immer gleich ihren gesamten Einnahmen sein. Bei den einzelnen Sektoren können dagegen die Ausgaben größer oder kleiner sein als die entsprechenden Einnahmen, so daß Ausgaben- oder Einnahmenüberschüsse entstehen. Der Ausgleich solcher Salden erfolgt dann in Form von Finanzierungsströmen. Die Haushalte können beispielsweise nicht ausgegebene Einkommensteile zum Erwerb von Aktien verwenden. Die Unternehmen können sich die zur Finanzierung von Ausgabenüberschüssen erforderlichen Mittel z. B. durch die Auflegung von Anleihen beschaffen. Dem Netz von Leistungstransaktionen steht daher ein ebensolches Netz von Finanzierungstransaktionen gegenüber[28].

Bei den folgenden Überlegungen sollen lediglich Leistungsströme in die Betrachtung einbezogen werden. Ein vollständiges Netz solcher Leistungstransaktionen liegt dann vor, wenn jeder Sektor an alle anderen Sektoren und an sich selbst bestimmte Ausgaben leistet und von sämtlichen Sektoren bestimmte Einnahmen empfängt. Dabei stellen die Ausgaben des Sektors j an den Sektor i gleichzeitig die Einnahmen des Sektors i vom Sektor j dar. Die Gesamteinnahmen des Sektors i sind gleich der Summe aus den Ausgaben sämtlicher anderen Sektoren an diesen Sektor und seinen Innenumsätzen[29]. Werden die gesamten Ausgaben aller Sektoren des Systems in der Periode t mit $X(t)$ und seine gesamten Einnahmen mit $Y(t)$ bezeichnet, so gilt

(I. 2.1) $$X(t) = Y(t) \,.$$

Die gesamten Ausgaben des Sektors j können mit $X_j(t)$, seine Ausgaben an den Sektor i mit $X_{ij}(t)$ beschrieben werden. Die gesamten Einnahmen des Sektors i lassen sich durch $Y_i(t)$ darstellen. Zwischen den einzelnen Größen bestehen dann folgende arithmetische Zusammenhänge

(I. 2.2) $$X_j(t) = \sum_{i=1}^{n} X_{ij}(t) \qquad j = 1, \ldots, n$$

(I. 2.3) $$Y_i(t) = \sum_{j=1}^{n} X_{ij}(t) \qquad i = 1, \ldots, n \,.$$

Sämtliche Leistungsströme eines aus n Sektoren bestehenden Modells können daher folgendermaßen in einem Matrixschema zusammengefaßt werden.

---

[28] Zur Zusammenfassung aller Transaktionen in einem einzigen Schema vgl. *Copeland*, M. R.: A Study of Moneyflows in the United States, New York 1952.
[29] *Pohl, R.:* Einige Probleme der Saldenrechnung, Konjunkturpolitik, 4, 1958, S. 186 gibt eine Beschreibung dieser allgemeinen Interdependenz der Ausgaben und Einnahmen aller Sektoren.

Zweiter Abschnitt: Die Theorie des Sektorenmultiplikators

Aus-gaben Ein-nahmen	Sektoren 1 2 .... j .... n	Insgesamt
1 2	$X_{11}(t)$ $X_{12}(t)$ ... $X_{1j}(t)$ ... $X_{1n}(t)$ $X_{21}(t)$ $X_{22}(t)$ ... $X_{2j}(t)$ ... $X_{2n}(t)$	$Y_1(t)$ $Y_2(t)$
i	$X_{i1}(t)$ $X_{i2}(t)$ ... $X_{ij}(t)$ ... $X_{in}(t)$	$Y_i(t)$
n	$X_{n1}(t)$ $X_{n2}(t)$ ... $X_{nj}(t)$ ... $X_{nn}(t)$	$Y_n(t)$
Insgesamt	$X_1(t)$ $X_2(t)$ ... $X_j(t)$ ... $X_n(t)$	$X(t) = Y(t)$

In der Theorie des Sektorenmultiplikators[30] wird zwischen den Ausgaben eines Sektors an einen anderen Sektor oder an sich selbst und seinen gesamten Einnahmen eine dynamische Beziehung hergestellt, die der einfachen Multiplikatorrelation entspricht. Für die Ausgaben des Sektors j an den Sektor i lautet diese Funktion

(I. 2.4) $X_{ij}(t) = b_{ij} Y_j(t-1) + d_{ij}$ $i, j = 1, \ldots, n$.

---

[30] Diese Theorie wurde im wesentlichen von Chipman und Goodwin entwickelt. Dabei haben Verallgemeinerungen und Erweiterungen von Ergebnissen, die in der Außenwirtschaftstheorie an Mehr-Länder-Modellen gewonnen wurden, eine erhebliche Rolle gespielt. Siehe *Chipman*, J. S.: The Theory of Intersectoral Money Flows, and Income Formation, Baltimore 1951. Diese Arbeit stellt eine Zusammenfassung mehrerer Zeitschriftenaufsätze dar: *Chipman*, J. S.: The Generalized Bi-System Multiplier, Canadian Journal of Economics and Political Science, 15, 1949, ders.: The Multi-Sector Multiplier, Econometrica, 18, 1950 und ders.: Professor Goodwin's Matrix Multiplier, Economic Journal, 60, 1950. Vgl. ebenso *Goodwin*, R. M.: The Multiplier as Matrix, Economic Journal, 59, 1949 und ders.: Does the Matrix Multiplier Oscillate?, Economic Journal, 60, 1950. Eine komprimierte Darstellung der Theorie des Sektorenmultiplikators in ihrem Zusammenhang mit der neueren Konjunkturtheorie enthält *Schumann*, J.: Die Sektorenanalyse als Instrument konjunkturtheoretischer Untersuchungen, Berlin 1959. Als Vorläufer sind insbesondere die Arbeiten von Metzler und Machlup zu erwähnen. Vgl. *Metzler*, L. A.: Underemployment Equilibrium in International Trade, Econometrica, 10, 1942 und *Machlup*, F.: International Trade and the National Income Multiplier, Philadelphia 1943.

Formal hat sie den gleichen Aufbau wie die Relation (I.1.19). Der Parameter b_{ij} ist als marginale Ausgabeneigung des Sektors j an den Sektor i zu interpretieren, während d_{ij} die konstanten, von der Einnahmenentwicklung des Sektors j unabhängigen Ausgaben an den Sektor i darstellt. Es wird angenommen, daß die Reaktionsverzögerung für sämtliche Ausgabenfunktionen gleich ist, eine Annahme, durch die die Zusammenhänge des Modells wesentlich vereinfacht werden[31]. Unter Berücksichtigung der Identität (I.2.3) ergibt sich für die Gesamteinnahmen des Sektors i

(I.2.5)
$$Y_i(t) = b_{i1} Y_1(t-1) + b_{i2} Y_2(t-1) + \ldots + b_{in} Y_n(t-1)$$
$$+ d_{i1} + d_{i2} + \ldots + d_{in} .$$

Ebenso lassen sich für die Gesamteinnahmen aller übrigen Sektoren Funktionsbeziehungen bilden. Werden die in diesen Gleichungen erscheinenden absoluten Glieder jeweils zu einem Ausdruck $d_i = \sum_{j=1}^{n} d_{ij}$ zusammengefaßt, so entsteht das folgende Gleichungssystem

(I.2.6)
$$Y_1(t) = b_{11} Y_1(t-1) + b_{12} Y_2(t-1) + \ldots + b_{1n} Y_n(t-1) + d_1$$
$$Y_2(t) = b_{21} Y_1(t-1) + b_{22} Y_2(t-1) + \ldots + b_{2n} Y_n(t-1) + d_2$$
$$\vdots$$
$$Y_n(t) = b_{n1} Y_1(t-1) + b_{n2} Y_2(t-1) + \ldots + b_{nn} Y_n(t-1) + d_n .$$

Dieses System läßt sich in Matrixform folgendermaßen schreiben

(I.2.7)
$$\begin{bmatrix} Y_1(t) \\ Y_2(t) \\ \vdots \\ Y_n(t) \end{bmatrix} = \begin{bmatrix} b_{11} & b_{12} & \ldots & b_{1n} \\ b_{21} & b_{22} & \ldots & b_{2n} \\ \vdots & & & \\ b_{n1} & b_{n2} & \ldots & b_{nn} \end{bmatrix} \begin{bmatrix} Y_1(t-1) \\ Y_2(t-1) \\ \vdots \\ Y_n(t-1) \end{bmatrix} + \begin{bmatrix} d_1 \\ d_2 \\ \vdots \\ d_n \end{bmatrix}$$

oder

(I.2.8)
$$\mathfrak{y}(t) = \mathfrak{B}\,\mathfrak{y}(t-1) + \mathfrak{d} .$$

Die Gleichung (I.2.8) stellt ein System von n linearen inhomogenen Differenzengleichungen erster Ordnung mit konstanten Parametern

---

[31] Zur Diskussion dieses Problems vgl. *Chipman*, J. S.: The Theory ..., a. a. O., S. 45/46.

dar³². Der Gang der Lösung³³ dieses Systems verläuft im Prinzip ebenso wie bei der einfachen Differenzengleichung. An die Stelle einzelner Variablen treten hier Spaltenvektoren von Variablen. Einzelne Verhaltensparameter werden durch die Matrix der Ausgabeneigungen $\mathfrak{B}$ ersetzt. Für die absoluten Glieder erscheint der Spaltenvektor der autonomen Ausgaben $\mathfrak{b}$. Als allgemeine Matrixlösung ergibt sich

(I. 2.9) $\qquad \mathfrak{y}(t) = \mathfrak{B}^t [\mathfrak{y}(0) - (\mathfrak{E} - \mathfrak{B})^{-1} \mathfrak{b}] + (\mathfrak{E} - \mathfrak{B})^{-1} \mathfrak{b}$.

Die Lösung besteht gleichfalls aus einem statischen und einem dynamischen Teil. Bei gegebenen Anfangsbedingungen und gegebenen Parameterwerten ist der Verlauf von $\mathfrak{y}(t)$ bei wachsendem t eindeutig durch die Gleichung (I.2.9) determiniert. Es muß allerdings vorausgesetzt werden, daß die Matrix $(\mathfrak{E}-\mathfrak{B})$ nicht singulär ist, d. h. daß ihre Determinante von Null verschieden ist³⁴. Im Fall stabiler Systeme konvergiert die gesamte Lösung für $t \to \infty$ nach der statischen Lösung.

b) Die Skalarlösungen eines Modells mit der Multiplikatorhypothese

Um zu vollständigeren und durchsichtigeren Aussagen über die zeitliche Entwicklung der Gesamteinnahmen jedes Sektors des durch die Gleichung (I.2.8) dargestellten Multiplikatormodells zu kommen, müssen die Skalarlösungen ermittelt werden. Die gesamte Lösung setzt sich, wie bereits festgestellt wurde, aus einem statischen und einem dynamischen Teil zusammen. Bezeichnet man den statischen Teil mit $\overline{Y}_i(t)$ und den dynamischen Teil mit $Y'_i(t)$, so gilt mithin

$$Y_i(t) = \overline{Y}_i(t) + Y'_i(t) \qquad i = 1, \ldots, n \; .$$

Die statischen Skalarlösungen³⁵ können aus der statischen Matrixlösung, die folgendermaßen

(I. 2.10) $\qquad \overline{\mathfrak{y}}(t) = (\mathfrak{E} - \mathfrak{B})^{-1} \mathfrak{b}$

---

[32] *Zarnowitz*, V.: Technology and Price Structure in General Interdependence Systems, Review of Economic Studies, 23, 1955/56 gibt auf S. 117 mit anderen Symbolen für den gleichen Zusammenhang die folgende Formulierung: $V(t+1) = C V(t) + g$. Die Lösungen beider Systeme sind jedoch äquivalent. Vgl. dazu auch *Solow*, R.: On the Structure of Linear Models, Econometrica, 20, 1952, S. 30/31.

[33] Sie ist im einzelnen beschrieben bei *Chipman*, J. S.: The Theory ..., a. a. O., S. 94/95, *Goodwin*, R. M.: The Multiplier as Matrix, a. a. O., S. 546 und *Schumann*, J.: a. a. O., S. 53.

[34] Wenn $|\mathfrak{E}-\mathfrak{B}| = 0$ ist, läßt sich die Matrix $(\mathfrak{E}-\mathfrak{B})$ nicht invertieren.

[35] Vgl. auch *Chipman*, J. S.: The Theory ..., a. a. O., S. 97 ff. und *Schumann*, J.: a. a. O., S. 56/57.

lautet, ermittelt werden. Mit Hilfe der Cramerschen Regel[36] kann daraus jedes beliebige Element des Vektors $\bar{\mathfrak{y}}(t)$ bestimmt werden. Es ergibt sich beispielsweise für $\overline{Y}_i(t)$

(I.2.11) $$\overline{Y}_i(t) = \frac{\begin{vmatrix} (1-b_{11}) & -b_{12} & \ldots & d_1 & \ldots & -b_{1n} \\ -b_{21} & (1-b_{22}) & \ldots & d_2 & \ldots & -b_{2n} \\ & & \cdot & & & \\ -b_{n1} & -b_{n2} & \ldots & d_n & \ldots & (1-b_{nn}) \end{vmatrix}}{\begin{vmatrix} (1-b_{11}) & -b_{12} & \ldots & -b_{1i} & \ldots & -b_{1n} \\ -b_{21} & (1-b_{22}) & \ldots & -b_{2i} & \ldots & -b_{2n} \\ & & & & & \\ -b_{n1} & -b_{n2} & \ldots & -b_{ni} & \ldots & (1-b_{nn}) \end{vmatrix}}.$$

Der Nenner dieses Bruches stellt die Determinante $|\mathfrak{E}-\mathfrak{B}|$ dar, der Zähler wird durch eine ähnliche Determinante gebildet, bei der lediglich die i-te Spalte durch den Vektor $\mathfrak{d}$ ersetzt wurde. Die Ermittlung der statischen Lösung für einen einzigen Sektor erfordert bei diesem Verfahren also die Berechnung zweier Determinanten. Bei praktischen Berechnungen empfiehlt es sich deshalb, die Matrix $(\mathfrak{E}-\mathfrak{B})$ zu invertieren und mit dem Vektor $\mathfrak{d}$ zu multiplizieren[37]. Dadurch erhält man in einem Rechengang die statischen Skalarlösungen sämtlicher Sektoren.

Zur Ableitung der dynamischen Skalarlösungen[38] werden die folgenden beiden Gleichungen voneinander subtrahiert[39]

$$\mathfrak{y}(t) = \mathfrak{B}\,\mathfrak{y}(t-1) + \mathfrak{d}$$
$$\bar{\mathfrak{y}}(t) = \mathfrak{B}\,\bar{\mathfrak{y}}(t-1) + \mathfrak{d}\,.$$

---

[36] Zur Cramerschen Regel vgl. *Klingst*, A.: Einführung in die Matrizenrechnung, in: Anwendungen der Matrizenrechnung auf wirtschaftliche und statistische Probleme, 2. Aufl., Würzburg 1963, S. 48 ff.
[37] Statt der Inversion der Matrix $(\mathfrak{E}-\mathfrak{B})$ mit Hilfe direkter Verfahren können auch Iterationsverfahren angewendet werden, was vor allem bei Modellen mit einer größeren Anzahl von Sektoren und dementsprechend umfangreicheren Matrizen von Vorteil ist. Vgl. hierzu *Evans*, W. D.: Input-Output Computations, in: Barna, T. ed.: The Structural Interdependence of the Economy, Proceedings of an International Conference on Input-Output Analysis, Varenna 1954, New York o. J., S. 78.
[38] Vgl. zu dem Folgenden *Chipman*, J. S.: The Theory ..., a. a. O., S. 99 ff. und *Schumann*, J.: a. a. O., S. 57 ff.
[39] Vgl. S. 19.

Wird berücksichtigt, daß $\mathfrak{y}(t) - \bar{\mathfrak{y}}(t) = \mathfrak{y}'(t)$ ist, so erhält man

(I. 2.12) $\qquad \mathfrak{y}'(t) = \mathfrak{B}\,\mathfrak{y}'(t-1)$.

Dieses System homogener Differenzengleichungen entspricht in seinem formalen Aufbau der Gleichung (I. 1.32) und kann nach der gleichen Methode gelöst werden[40]. Nach dem Ansatz $\mathfrak{y}'(t) = \lambda\,\mathfrak{y}'(t-1)$ ergibt sich

$$\mathfrak{B}\,\mathfrak{y}'(t-1) = \lambda\,\mathfrak{y}'(t-1) ,$$

woraus für den Fall $\mathfrak{B}\,\mathfrak{y}'(t-1) \neq 0$ die charakteristische Gleichung

(I. 2.13) $\qquad |\lambda\,\mathfrak{E} - \mathfrak{B}| = 0$

folgt. Für ein aus n Sektoren bestehendes System, in dem die Matrix $\mathfrak{B}$ von der Ordnung n ist, lautet die charakteristische Gleichung in entwickelter Form

(I. 2.14) $\quad |\lambda\,\mathfrak{E} - \mathfrak{B}| = f(\lambda)$
$$= \sum_{s=0}^{n} (-1)^s D_s \lambda^{n-s}$$
$$= (-1)^0 D_0 \lambda^{n-0} + (-1)^1 D_1 \lambda^{n-1} + \ldots$$
$$+ (-1)^{n-1} D_{n-1} \lambda^{n-n+1} + (-1)^n D_n \lambda^{n-n} .$$

Für $n = 2$ ergeben sich quadratische Gleichungen, für $n = 3$ kubische Gleichungen. Allgemein erhält man bei n Sektoren Polynome n-ten Grades. Die n Nullstellen dieser Polynome[41] λ_j stellen die charakteristischen Wurzeln oder Eigenwerte der Matrix $\mathfrak{B}$ dar. Mit D_s sind Summen aller s-zeiligen Hauptunterdeterminanten von $\mathfrak{B}$ bezeichnet. Die Anzahl der in diese Summen eingehenden Determinanten ist durch $\frac{n!}{s!(n-s)!}$ bestimmt. Insbesondere sind $D_0 = 1$, $D_1 = b_{11} + b_{22} + \ldots + b_{nn}$, die sogenannte Spur von $\mathfrak{B}$ und $D_n = |\mathfrak{B}|$. Darüber hinaus gilt, daß $\lambda_1 + \lambda_2 + \ldots + \lambda_n = b_{11} + b_{22} + \ldots + b_{nn}$ ist, d. h. die Summe der Eigenwerte ist gleich der Summe aus den Gliedern der Hauptdiagonalen von $\mathfrak{B}$. Ferner ist das Produkt aus sämtlichen Eigenwerten gleich der Determinante $|\mathfrak{B}|$[42]. Je nachdem, ob die Wurzeln des charakteristischen Polynoms positiv reell, negativ reell oder konjugiert komplex sind, üben sie verschiedenartige Bewegungsimpulse auf die Variablen des Systems aus.

---

[40] Vgl. S. 21.
[41] Nach dem Fundamentalsatz der Algebra besitzt jedes Polynom, dessen Grad $n > 1$ ist, im Bereich aller reellen und komplexen Zahlen n Wurzeln. Chipman und Goodwin gehen davon aus, daß sämtliche dieser Wurzeln voneinander verschieden sind. Zur Diskussion einander gleicher, d. h. mehrfacher Wurzeln vgl. Ott, A. E.: a.a.O., S. 95 ff. und Samuelson, P. A.: Foundations of Economic Analysis, Cambridge 1948, Appendix B, S. 425—429.
[42] Zurmühl, R.: Matrizen, 3. Aufl., Berlin 1961, S. 162.

Nachdem die Eigenwerte bestimmt worden sind, können spezielle Lösungen gebildet werden. Für $Y'_i(t)$ ergibt sich

$$Y'_i(t) = \lambda_1^t + \lambda_2^t + \ldots + \lambda_n^t \qquad i = 1, \ldots, n.$$

Eine weitere Lösung erhält man dadurch, daß man die Potenzen der Eigenwerte mit bestimmten Konstanten K_{ij} multipliziert

(I. 2.15) $\qquad Y'_i(t) = \lambda_1^t K_{i1} + \lambda_2^t K_{i2} + \ldots + \lambda_n^t K_{in} \qquad i = 1, \ldots, n.$

Diese Gleichung stellt die allgemeine Form der dynamischen Skalarlösungen dar. Die Konstanten werden so gewählt, daß die Lösungen bestimmten Anfangsbedingungen genügen. Zusammen mit der statischen Skalarlösung $\overline{Y}_i(t) = \overline{Y}_i$ ergibt sich als allgemeine Skalarlösung

(I. 2.16) $\qquad Y_i(t) = \sum_{j=1}^{n} \lambda_j^t K_{ij} + \overline{Y}_i \qquad i = 1, \ldots, n.$

Zur Bestimmung der Konstanten K_{ij} wird folgendes Gleichungssystem gebildet, bei dem t die Werte von 0 bis $n - 1$ durchläuft

(I. 2.17)
$$\begin{aligned}
Y_i(0) &= \overline{Y}_i + K_{i1} + K_{i2} + \ldots + K_{in} \\
Y_i(1) &= \overline{Y}_i + \lambda_1 K_{i1} + \lambda_2 K_{i2} + \ldots + \lambda_n K_{in} \\
Y_i(2) &= \overline{Y}_i + \lambda_1^2 K_{i1} + \lambda_2^2 K_{i2} + \ldots + \lambda_n^2 K_{in} \\
&\vdots \\
Y_i(n-1) &= \overline{Y}_i + \lambda_1^{n-1} K_{i1} + \lambda_2^{n-1} K_{i2} + \ldots + \lambda_n^{n-1} K_{in}.
\end{aligned}$$

Die zeitliche Entwicklung der Einnahmen von $Y_i(0)$ bis $Y_i(n-1)$ wird auf folgende Weise bestimmt: Ist für jeden der n Sektoren ein Anfangswert $Y_i(0)$ bekannt, so können diese Anfangswerte zu einem Vektor $\mathfrak{y}(0)$ zusammengefaßt werden. Durch sukzessives Einsetzen in die Gleichung (I. 2.8) erhält man die Vektoren $\mathfrak{y}(1)$ bis $\mathfrak{y}(n-1)$, in denen die Werte $Y_i(1)$ bis $Y_i(n-1)$ enthalten sind. In Matrixform lassen sich die Gleichungen (I. 2.17) folgendermaßen schreiben:

(I. 2.18)
$$\begin{bmatrix} Y_i(0) \\ Y_i(1) \\ Y_i(2) \\ \vdots \\ Y_i(n-1) \end{bmatrix} = \begin{bmatrix} \overline{Y}_i \\ \overline{Y}_i \\ \overline{Y}_i \\ \vdots \\ \overline{Y}_i \end{bmatrix} + \begin{bmatrix} 1 & 1 & \cdots & 1 \\ \lambda_1 & \lambda_2 & \cdots & \lambda_n \\ \lambda_1^2 & \lambda_2^2 & \cdots & \lambda_n^2 \\ \vdots & & & \vdots \\ \lambda_1^{n-1} & \lambda_2^{n-1} & \cdots & \lambda_n^{n-1} \end{bmatrix} \begin{bmatrix} K_{i1} \\ K_{i2} \\ K_{i3} \\ \vdots \\ K_{in} \end{bmatrix}$$

oder

(I. 2.19) $\qquad \tilde{\mathfrak{y}}_i(0) = \overline{\mathfrak{y}}_i + \mathfrak{B}\,\mathfrak{k}_i\,.$

Die in dieser Gleichung erscheinende Matrix $\mathfrak{B}$ ist unter dem Namen Vandermondesche Matrix bekannt[43]. Die Auflösung nach dem Vektor der Konstanten ergibt

(I. 2.20) $\qquad \mathfrak{k}_i = \mathfrak{B}^{-1} [\widetilde{\mathfrak{y}}_i(0) - \overline{\mathfrak{y}}_i]$.

Daraus läßt sich jedes Element des Vektors $\mathfrak{k}_i$ nach der Cramerschen Regel bestimmen. Gleichwohl empfiehlt es sich auch hier, die Matrix $\mathfrak{B}$ zu invertieren[44] und mit dem Vektor der Differenzen zwischen den durch sukzessives Einsetzen bestimmten Anfangswerten und der statischen Lösung zu multiplizieren. Man erhält dann sofort sämtliche für die Lösung von $Y_i(t)$ zu berechnenden Konstanten. In ausführlicher Form kann die allgemeine Skalarlösung des behandelten Mehr-Sektoren-Modells mit der Multiplikatorhypothese folgendermaßen geschrieben werden

$$\text{(I. 2.21)} \quad Y_i(t) = \sum_{j=1}^{n} \lambda_j^t \frac{\begin{vmatrix} 1 & 1 & \ldots & Y_i(0) - \overline{Y}_i & \ldots & 1 \\ \lambda_1 & \lambda_2 & \ldots & Y_i(1) - \overline{Y}_i & \ldots & \lambda_n \\ \lambda_1^2 & \lambda_2^2 & \ldots & Y_i(2) - \overline{Y}_i & \ldots & \lambda_n^2 \\ \cdot & & & & & \\ \cdot & & & & & \\ \cdot & & & & & \\ \lambda_1^{n-1} & \lambda_2^{n-1} & \ldots & Y_i(n-1) - \overline{Y}_i & \ldots & \lambda_n^{n-1} \end{vmatrix}}{\begin{vmatrix} 1 & 1 & \ldots & 1 & \ldots & 1 \\ \lambda_1 & \lambda_2 & \ldots & \lambda_j & \ldots & \lambda_n \\ \lambda_1^2 & \lambda_2^2 & \ldots & \lambda_j^2 & \ldots & \lambda_n^2 \\ \cdot & & & & & \\ \cdot & & & & & \\ \cdot & & & & & \\ \lambda_1^{n-1} & \lambda_2^{n-1} & \ldots & \lambda_j^{n-1} & \ldots & \lambda_n^{n-1} \end{vmatrix}} + \overline{Y}_i,$$

wobei die statische Lösung $\overline{Y}_i$ in der Gleichung (I. 2.11) bereits ausführlich dargestellt wurde. Der zeitliche Verlauf der Gesamteinnahmen des Sektors i hängt also von den Anfangsbedingungen, von den Eigenwerten des charakteristischen Polynoms und von den Werten der statischen Lösung ab. Dabei sind die beiden letzteren wiederum durch die Parameterwerte der ursprünglichen Verhaltensfunktionen bestimmt.

---

[43] Vgl. etwa *Zurmühl*, R.: a. a. O., S. 153.
[44] Für den Fall, daß sämtliche Eigenwerte einander gleich sind, hat die Determinante der Vandermonde-Matrix den Wert Null, d. h. die Matrix ist in der oben angegebenen Form singulär und läßt sich nicht invertieren. Vgl. hierzu aber *Samuelson*, P. A.: Foundations ..., a. a. O., Appendix B, S. 408. Für die praktischen Berechnungen gilt allerdings auch hier die in Anmerkung 37 auf S. 30 gemachte Einschränkung.

Der dem Betrage nach größte Eigenwert λ_d wird als dominante Wurzel bezeichnet, da die Entwicklung des Systems letzten Endes, d. h. für genügend große t, allein von diesem Eigenwert abhängt. Dabei muß allerdings vorausgesetzt werden, daß die zu λ_d gehörende Konstante K_{id} von Null verschieden ist[45]. Ist λ_d positiv reell, so ergibt sich ein monotoner Verlauf. Bei negativ reellem λ_d treten jeweils von Periode zu Periode wechselnde Aufwärts- und Abwärtsbewegungen auf. Für den Fall, daß der dem Betrage nach größte Eigenwert komplex ist, kommt es zu längerfristigen mehrperiodigen Schwingungen. Daneben kann zwischen Stabilität und Instabilität des Systems unterschieden werden. Bei reellen Wurzeln, die dem Betrage nach kleiner als eins sind, sowie bei komplexen Wurzeln, deren Modulus dem Betrage nach kleiner als eins ist, konvergiert die Lösung bei wachsendem t nach der statischen Lösung. Für reelle Eigenwerte folgt das daraus, daß $\lim_{t \to \infty} \lambda_d^t = 0$ ist, wenn $|\lambda_d| < 1$ gilt[46]. Sonderfälle liegen dann vor, wenn der Eigenwert λ_d gleich eins ist.

Die formale Ähnlichkeit der Theorie des Sektorenmultiplikators mit der Leontiefschen Input-Output Analyse[47] hat dazu geführt, daß zahlreiche, sich aus der linearen Struktur beider Modelle ergebenden Theoreme gegenseitig austauschbar sind. Das gilt vor allem für Untersuchungen über die Stabilität solcher linearer Systeme. Dabei wird im allgemeinen vorausgesetzt, daß die Matrix der Strukturkoeffizienten (Ausgabeneigungen oder Input-Output-Koeffizienten) nicht negativ ist. In diesem Fall ist das System stabil, wenn es der Hawkins-Simon-Bedingung[48] genügt. Diese Bedingung, die zugleich notwendig und hinreichend ist, besagt, daß sämtliche Eigenwerte — und mithin auch λ_d — einer quadratischen, nicht negativen Matrix $\mathfrak{B}$ dem Betrage nach kleiner als eins sind, wenn alle Hauptunterdeterminanten der Matrix

---

[45] Vgl. *Schumann, J.*: a. a. O., S. 60/61 sowie *Chipman, J. S.*: The Theory..., a. a. O., Anmerkung 37 S. 138.

[46] Eine ausführliche Behandlung der verschiedenen Bewegungsverläufe sowie des Stabilitätsproblems gibt *Chipman, J. S.*: The Theory..., a. a. O., chapter 7, S. 112 ff.

[47] Die Theorie der Input-Output-Analyse wurde zusammenfassend dargestellt in *Leontief, W.*: The Structure of American Economy, 1919—1939, Cambridge/Mass. 1941 und *Leontief, W.* and *others*: Studies in the Structure of the American Economy, New York 1953. Auf die Zusammenhänge mit der Theorie des Sektorenmultiplikators weist *Chipman, J. S.*: The Theory..., a. a. O., S. 30/31 hin.

[48] *Hawkins, D.* and *Simon, H. A.*: Note: Some Conditions of Macroeconomic Stability, Econometrica, 17, 1949, S. 247. Die Bedingung wurde von Hawkins und Simon formuliert, um die Nichtnegativität der Lösungen eines statischen Systems sicherzustellen. *Metzler, L. A.*: A Multiple-Region Theory of Income and Trade, Econometrica, 18, 1950, S. 339, gibt die gleiche Bedingung für die Stabilität eines aus einem System von Differentialgleichungen bestehenden dynamischen Modells. Vgl. hierzu auch *Solow, R.*: a. a. O., S. 31/32.

Zweiter Abschnitt: Die Theorie des Sektorenmultiplikators

($\mathfrak{E} - \mathfrak{B}$) positiv sind. Erfüllt ein lineares Modell die Hawkins-Simon-Bedingung, so ist die Matrix $(\mathfrak{E}-\mathfrak{B})^{-1} \geq 0$, d. h. sämtliche Elemente der zu ($\mathfrak{E}-\mathfrak{B}$) inversen Matrix sind gleich oder größer als Null[49]. Da bei größeren Matrizen für den Nachweis der Stabilität mit Hilfe der Hawkins-Simon-Bedingung umfangreiche Rechenoperationen erforderlich sind, ist versucht worden, einfacher nachprüfbare Bedingungen, die zumindest hinreichend sind, zu formulieren. Eine dieser Bedingungen lautet, daß alle Spaltensummen der Matrix $\mathfrak{B}$ kleiner als eins sein müssen[50]. Wird über die Matrix $\mathfrak{B}$ zusätzlich vorausgesetzt, daß sie unzerlegbar ist (in diesem Fall kann die Matrix $\mathfrak{B}$ durch Permutation von Zeilen bzw. Spalten nicht auf die Form $\mathfrak{B} = \begin{bmatrix} \mathfrak{B}_{11} & \mathfrak{B}_{12} \\ 0 & \mathfrak{B}_{22} \end{bmatrix}$ mit quadratischen Teilmatrizen $\mathfrak{B}_{11}$ und $\mathfrak{B}_{22}$ gebracht werden[51]), so genügt zur Stabilität, daß keine Spaltensumme größer als eins und mindestens eine kleiner als eins ist[52]. Ökonomisch beinhaltet die Forderung nach Unzerlegbarkeit von $\mathfrak{B}$ in diesem Zusammenhang, daß es keine Gruppe von Sektoren geben darf, in der jeder Sektor nur Ausgaben an andere Sektoren dieser Gruppe und an sich selbst leistet. Die Bedingung über die Spaltensumme besagt, daß mindestens ein Sektor existieren muß, dessen Gesamtausgabeneigung kleiner als eins ist, d. h. der auf eine bestimmte Veränderung seiner Einnahmen mit einer geringeren Veränderung seiner gesamten Ausgaben reagiert. Bei keinem Sektor darf die Gesamtausgabeneigung über eins hinausgehen.

Für nicht negative unzerlegbare Matrizen existiert ein einfacher positiver Eigenwert λ_0, der größer oder gleich dem absoluten Werte jedes anderen Eigenwertes ist[53]. Wenn λ_0 dem Betrage nach größer als alle anderen Eigenwerte ist, so handelt es sich um die dominante Wurzel λ_d. In diesem Fall bezeichnet man die Matrix $\mathfrak{B}$ als primitiv[54]. Es ergibt sich dann für ausreichend große t ein monotoner Bewegungsverlauf. Ist dagegen λ_0 nicht der einzige Eigenwert von maximalem Betrage r, d. h. existieren $j = 1, \ldots, k$ Eigenwerte, für die $|\lambda_j| = \lambda_0$

---

[49] *Morishima*, M.: Prices, Interest and Profits in a Dynamic Leontief System, Econometrica, 26, 1958, S. 376 und *ders.*: Some Properties of a Dynamic Leontief System with a Spectrum of Techniques, Econometrica, 27, 1959, S. 633 sowie *Solow*, R.: a. a. O., S. 32.

[50] *Schumann*, J.: a. a. O., S. 61/62.

[51] *Wielandt*, H.: Unzerlegbare nicht negative Matrizen, Mathematische Zeitschrift, 52, 1950, S. 642.

[52] *Solow*, R.: a. a. O., S. 36.

[53] Dieser Satz geht auf Frobenius zurück. Siehe hierzu *Wielandt*, H.: a. a. O., S. 642/645. Vgl. aber auch *Debreu*, G. and *Herstein*, I. N.: Non-negative Square Matrices, Econometrica, 21, 1953, S. 598, *Jorgenson*, D. W.: Stability of a Dynamic Input-Output System, Review of Economic Studies, 28, 1961, S. 109 und *Leontief*, W.: Lags and the Stability of Dynamic Systems, Econometrica, 29, 1961, S. 660.

[54] *Wielandt*, H.: a. a. O., S. 647.

gilt, so sind diese Eigenwerte alle einfach und komplex; sie haben die Werte[55] $\lambda_j = r\, e^{\frac{j 2\pi i}{k}}$. Die Matrix $\mathfrak{B}$ heißt dann nicht primitiv und die zeitliche Entwicklung der Sektoreinnahmen würde in diesem Fall in Oszillationen erfolgen. Eine solche Situation ist umso wahrscheinlicher, je ungleicher die Spaltensummen von $\mathfrak{B}$ sind[56]. Sind die Gesamtausgabeneigungen der verschiedenen Sektoren eines Modells sehr unterschiedlich, so handelt es sich vermutlich um ein Wirtschaftssystem, das zu konjunkturellen Schwankungen tendiert. Ist das Ausgabeverhalten der Sektoren dagegen gleichartig, so dürfte es eher zu einem monotonem Verlauf der Sektoreinnahmen kommen.

---

[55] *Wielandt,* H.: a. a. O., S. 642. Der oben erwähnte Fall $j = k = 1$ ist hierin enthalten. Er führt zu dem reellen Eigenwert $\lambda_j = r$.
[56] *Chipman,* J. S.: The Theory ..., a. a. O., S. 134 und *Schumann,* J.: a. a. O., S. 64.

Teil II

Untersuchungsmethoden

Erster Abschnitt

Die Schätzmethode

a) Zur Auswahl des Schätzverfahrens

Soll versucht werden, die im ersten Teil dieser Arbeit abgeleiteten Funktionalzusammenhänge an der wirtschaftlichen Realität zu überprüfen, so ist zu berücksichtigen, daß es sich dabei nicht um streng determinierte Beziehungen handelt. Jeder funktionalen Beziehung zwischen ökonomischen Variablen haftet ein Zufallselement an, da es praktisch niemals gelingt, sämtliche zur Erklärung eines wirtschaftlichen Phänomens notwendige Größen in einer Funktionsgleichung zusammenzufassen. Im Grunde genommen wäre dazu ein Modell erforderlich, in dem im Rahmen einer allgemeinen Interdependenz „alles von allem" abhängt. Theoretisch sind solche Modelle zwar von der Lausanner Schule entwickelt worden, praktisch ließen sie sich jedoch selbst bei Verwendung elektronischer Rechenanlagen nicht handhaben. Auch wenn berücksichtigt wird, daß die Abhängigkeiten zwischen den Variablen in zahlreichen Fällen verschwindend gering sind, wären diese Modelle noch zu umfangreich. Die ökonometrische Forschung ist daher gezwungen, jeweils nur eine beschränkte Anzahl von ökonomischen Variablen in einer Funktion miteinander zu verbinden. Dabei werden als erklärende oder unabhängige Variable lediglich solche Größen in die Funktion aufgenommen, von denen angenommen werden kann, daß sie einen wesentlichen Einfluß auf die zu erklärende oder abhängige Variable ausüben[1]. Anstelle sämtlicher nicht berücksichtigter Variablen wird eine Zufallsvariable in die Gleichung eingefügt. Das kann damit begründet werden, daß es sich bei den ausgeschlossenen Variablen um

---

[1] Die in einem Zeitraum t abhängigen Variablen werden auch als endogene Variablen bezeichnet. Ihr zeitlicher Verlauf soll durch die unabhängigen oder exogenen Variablen erklärt werden. Zu den unabhängigen Variablen sind aber auch die verzögerten endogenen Variablen zu rechnen, die zusammen mit den exogenen Variablen als vorgegebene oder vorherbestimmte Variablen bezeichnet werden.

eine große Zahl von Faktoren handelt, von denen vermutet wird, daß ihr Gesamteinfluß auf die zu erklärende Variable einem Zufallsmechanismus unterliegt[2].

Die Zufallsvariable wird in der ökonometrischen Literatur im allgemeinen mit dem Buchstaben u bezeichnet. Daneben haben sich für die Bezeichnung der abhängigen Variablen der Buchstabe y und für die Bezeichnung der unabhängigen Variablen der Buchstabe z eingebürgert. Bei der Betrachtung von Gleichungssystemen treten an die Stelle einzelner Variabler Vektoren von Variablen. Werden lineare Beziehungen zwischen den Variablen zugrundegelegt, so läßt sich ein ökonometrisches Modell folgendermaßen formulieren[3]

(II. 1.1) $\quad\quad\quad\mathfrak{A}\,\mathfrak{y}(t) = \mathfrak{B}\,\mathfrak{z}(t) + \mathfrak{b} + \mathfrak{u}(t)$.

In dieser Gleichung stellen $\mathfrak{y}(t)$ einen Vektor von n abhängigen Variablen, $\mathfrak{z}(t)$ einen Vektor von m unabhängigen Variablen, $\mathfrak{b}$ einen Vektor von n konstanten Gliedern und $\mathfrak{u}(t)$ einen Vektor von n Zufallsvariablen dar. Sämtliche Vektoren sind Spaltenvektoren. Für die in den Zeiträumen $t = 1, \ldots, T$ beobachteten Werte der abhängigen und der unabhängigen Variablen wird vorausgesetzt, daß sie keine Beobachtungsfehler enthalten. Mit dem Buchstaben $\mathfrak{A}$ wird die Matrix der zu den abhängigen Variablen gehörenden Koeffizienten bezeichnet. Sie ist quadratisch von n-ter Ordnung, und ihre Determinante ist die sogenannte Funktionaldeterminante[4]. Für diese Matrix wird vorausgesetzt, daß sie nicht singulär ist, d. h. der Wert der Funktionaldeterminante ist ungleich Null. Die Matrix $\mathfrak{B}$ ist die Matrix der zu den unabhängigen Variablen gehörigen Koeffizienten. Sie ist rechteckig vom Typ (n, m).

Bei den Zufallsvariablen $\mathfrak{u}(t)$ handelt es sich um unbekannte Größen, die nicht beobachtet werden können. Über sie wird daher eine Reihe von Annahmen gemacht. So wird angenommen, daß der Erwartungswert (mathematische Erwartung) jeder der n Zufallsvariablen $u_i(t)$ für den gesamten betrachteten Zeitraum $t = 1, \ldots, T$ gleich Null ist und daß die Streuungs-Kovarianzmatrix der Zufallsvariablen eine nicht singuläre Matrix mit in t konstanten und endlichen Varianzen und Kovarianzen ist. Des weiteren wird vorausgesetzt, daß die im Zeitraum t auftretende zufällige Variable stochastisch unabhängig ist von der in der Periode $\tau \neq t$ auftretenden Zufallsvariablen. Bei Zeitreihenanalysen sollen die Zufallsvariablen insbesondere nicht autokorreliert

---

[2] *Marschak*, J.: Statistical Inference in Economics: An Introduction, in: Koopmans, T. C. ed.: Statistical Inference in Dynamic Economic Models, New York 1950, S. 18.
[3] Vgl. hierzu *Menges*, G.: Ökonometrie, Wiesbaden 1961, S. 69 und *Goldberger*, A. S.: Econometric Theory, New York 1964, S. 295/297.
[4] In der angelsächsischen Literatur wird diese Determinante auch als Jacobische Determinante bezeichnet.

sein. Schließlich wird stochastische Unabhängigkeit der Zufallsvariablen von den unabhängigen Variablen $z_i(t)$ angenommen. Formelhaft lassen sich die genannten Voraussetzungen folgendermaßen darstellen

(II. 1.2) $\qquad E[u_i(t)] = 0 \qquad \begin{matrix} i = 1, \ldots, n \\ t = 1, \ldots, T \end{matrix}$

(II. 1.3) $\qquad E[u_i(t)\, u_j(\tau)] = \begin{cases} \sigma_{ij} & \begin{matrix} i, j = 1, \ldots, n \\ t = \tau = 1, \ldots, T \end{matrix} \\ 0 & \begin{matrix} i, j = 1, \ldots, n \\ t \neq \tau = 1, \ldots, T \end{matrix} \end{cases}$

(II. 1.4) $\qquad E[u_i(t)\, z_i(t)] = 0 \qquad i = 1, \ldots, n$.

Außer den erwähnten können noch andere Voraussetzungen über die Zufallsvariablen gemacht werden, etwa die, daß die $u_i(t)$ normal verteilt sind oder daß sämtliche Kovarianzen Null sind[5] (sogenannter Diagonalfall). Für eine Schätzung der Koeffizienten oder strukturellen Parameter der Matrizen $\mathfrak{A}$ und $\mathfrak{B}$ mit Hilfe von Kleinst-Quadrat-Methoden genügen allerdings die hier aufgeführten Annahmen.

Die Frage, welches der verschiedenen zur Verfügung stehenden Schätzverfahren angewendet werden kann, hängt von der Gestalt der Matrix $\mathfrak{A}$ sowie von dem Grad der Identifizierbarkeit[6] des Modells ab. Hinsichtlich der Form des Gleichungssystems (II. 1.1) kann zwischen rekursiven und interdependenten Systemen unterschieden werden. Ein rekursives System liegt dann vor, wenn die Matrix $\mathfrak{A}$ Dreiecksform hat, dergestalt, daß sämtliche Diagonalglieder gleich eins sind (was durch Normierung erreicht werden kann) und sämtliche Elemente unterhalb (oder oberhalb) der Diagonalen den Wert Null haben. In diesem Fall ist die Funktionaldeterminante[7] $|\mathfrak{A}| = 1$. Für interdependente Systeme gilt diese Beschränkung nicht[8].

---

[5] Eine ausführliche Darstellung der verschiedenen Voraussetzungen über die Zufallsvariablen findet sich bei *Menges*, G.: a. a. O., S. 61 ff.

[6] Für die Identifizierbarkeit einer Gleichung gibt es ein einfaches Kriterium, das zwar notwendig aber nicht hinreichend ist. Dieses Kriterium besagt, daß eine Gleichung eines linearen Modells dann identifizierbar ist, wenn die Anzahl der in dieser Gleichung nicht enthaltenen abhängigen und unabhängigen Variablen des Modells gleich oder größer als die um eins verminderte Anzahl der abhängigen Variablen (bzw. der Gleichungen) des Modells ist. Gilt das Gleichheitszeichen, so handelt es sich um eine genau identifizierte Gleichung. Ist die Anzahl der ausgeschlossenen Variablen größer, so ist die Gleichung überidentifiziert, ist sie kleiner, so ist die Gleichung unteridentifiziert. Einzelheiten des Identifikationsproblems sind behandelt bei *Menges*, G.: a. a. O., S. 72 ff.

[7] *Menges*, G.: a. a. O., S. 54 und S. 102, *Goldberger*, A. S.: a. a. O., S. 354.

[8] Ein einfaches Beispiel für den Unterschied zwischen rekursiven und interdependenten Modellen findet sich bei *Bentzel*, R. with *Hansen*, B.: On Recursiveness and Interdependency in Economic Models, Review of Economic Studies, 22, 1954/55, S. 165.

Bei rekursiven Modellen kann zur Parameterschätzung die Kleinst-Quadrat-Methode herangezogen werden und zwar derart, daß jede einzelne Gleichung der Strukturform mit dieser Methode geschätzt wird. Setzt man dabei voraus, daß die Streuungs-Kovarianzmatrix der zufälligen Variablen Diagonalgestalt hat (alle Kovarianzen gleich Null), dann sind diese Schätzungen mit denen nach der Full-Information-Maximum-Likelihood-Methode identisch[9]. Wird diese Voraussetzung nicht gemacht, dann sind die Schätzungen nicht mehr effizient[10]. Das Problem der Identifikation spielt im Rahmen von rekursiven Modellen keine Rolle, da die Gleichungen nicht in der reduzierten Form, sondern in der Strukturform geschätzt werden[11].

Interdependente Modelle erfordern in der Regel simultane Schätzverfahren. Ist das Modell jedoch exakt identifiziert, ein Fall, der in der ökonometrischen Modellbildung allerdings verhältnismäßig selten auftritt, so läßt sich ebenfalls die Kleinst-Quadrat-Methode anwenden. In diesem Fall werden die einzelnen Gleichungen der reduzierten Form des Systems geschätzt. Die reduzierte Form eines Modells stellt jede abhängige Variable ausschließlich als Funktion unabhängiger Variablen dar. Für die durch die Gleichung (II.1.1) gegebene Strukturform eines linearen Modells lautet die reduzierte Form

(II.1.5) $\mathfrak{y}(t) = \mathfrak{A}^{-1}\mathfrak{B}\mathfrak{z}(t) + \mathfrak{A}^{-1}\mathfrak{b} + \mathfrak{A}^{-1}\mathfrak{u}(t)$.

Wegen der exakten Identifikation lassen sich die Parameter der reduzierten Form eindeutig in die der Strukturform transformieren[12]. Diese Methode wird auch als indirekte Kleinst-Quadrat-Methode bezeichnet. Wird dabei Normalverteilung der zufälligen Variablen vorausgesetzt, dann stimmen die Schätzwerte mit denen der Full-Information-Maximum-Likelihood-Methode überein[13].

Für die Schätzung von überidentifizierten interdependenten Modellen steht eine Reihe von simultanen Schätzverfahren zur Verfügung, von denen die Zwei- oder Drei-Stufen-Kleinst-Quadrat-Methode und die Limited- oder Full-Information-Maximum-Likelihood-Methode die bekanntesten sind[14]. Welche dieser Methoden bei kleinen Stichproben, wie sie praktischen ökonometrischen Berechnungen häufig zugrunde-

---

[9] *Goldberger*, A. S.: a. a. O., S. 355 und *Johnston*, J.: Econometric Methods, New York 1963, S. 265/66.
[10] *Klein*, L. R.: A Textbook of Econometrics, Evanston 1953, S. 113.
[11] *Wold*, H. O. A.: A Generalization of Causal Chain Models, Econometrica, 28, 1960, S. 457.
[12] *Goldberger*, A. S.: a. a. O., S. 327, *Klein*, L. R.: a. a. O., S. 113 ff. und *Koopmans*, T. C. and *Hood*, Wm. C.: The Estimation of Simultaneous Economic Relationships, in: Hood, Wm. C. and Koopmans, T. C. eds.: Studies in Econometric Method, New York 1953, S. 135 ff.
[13] *Klein*, L. R.: a. a. O., S. 115.
[14] Eine Darstellung der verschiedenen Methoden gibt *Goldberger*, A. S.: a. a. O., S. 329 ff.

liegen, am vorteilhaftesten ist, kann zur Zeit noch nicht eindeutig entschieden werden, zumal wenn der Umfang der notwendigen Rechenarbeiten für die Auswahl von Bedeutung ist[15].

Das im ersten Teil dieser Arbeit dargestellte ökonomische System, das den weiteren Überlegungen als Grundlage dienen soll, stellt ein rekursives Modell dar, dessen Strukturform aus den Verhaltensgleichungen (I. 2.4)

$$X_{ij}(t) = b_{ij} Y_j(t-1) + d_{ij} \qquad i,j = 1, \ldots, n$$

und den Identitätsgleichungen (I. 2.3)

$$Y_i(t) = \sum_{j=1}^{n} X_{ij}(t) \qquad i = 1, \ldots, n$$

besteht. In Matrixform läßt sich dieses System auf folgende Weise schreiben

$$\begin{bmatrix} 1 & \ldots & 0 & 0 & \ldots & 0 \\ \cdot & & \cdot & \cdot & & \cdot \\ \cdot & & \cdot & \cdot & & \cdot \\ \cdot & & \cdot & \cdot & & \cdot \\ 0 & \ldots & 1 & 0 & \ldots & 0 \\ -1 & \ldots & 0 & 1 & \ldots & 0 \\ \cdot & & \cdot & \cdot & & \cdot \\ \cdot & & \cdot & \cdot & & \cdot \\ \cdot & & \cdot & \cdot & & \cdot \\ 0 & \ldots & -1 & 0 & \ldots & 1 \end{bmatrix} \begin{bmatrix} X_{11}(t) \\ \cdot \\ \cdot \\ \cdot \\ X_{nn}(t) \\ Y_1(t) \\ \cdot \\ \cdot \\ \cdot \\ Y_n(t) \end{bmatrix} = \begin{bmatrix} b_{11} & \ldots & 0 \\ \cdot & & \cdot \\ \cdot & & \cdot \\ \cdot & & \cdot \\ 0 & \ldots & b_{nn} \\ 0 & \ldots & 0 \\ \cdot & & \cdot \\ \cdot & & \cdot \\ \cdot & & \cdot \\ 0 & \ldots & 0 \end{bmatrix} \begin{bmatrix} Y_1(t-1) \\ \cdot \\ \cdot \\ \cdot \\ Y_n(t-1) \end{bmatrix} + \begin{bmatrix} d_{11} \\ \cdot \\ \cdot \\ \cdot \\ d_{nn} \\ 0 \\ \cdot \\ \cdot \\ \cdot \\ 0 \end{bmatrix}$$

Diese Form entspricht der allgemeinen Strukturform eines linearen Modells (II.1.1). Es zeigt sich, daß die auf der linken Seite der Gleichung stehende Matrix der zu den abhängigen Variablen gehörigen Koeffizienten Dreiecksform hat[16]. Solche Sektorenmodelle mit der Multiplikatorhypothese erscheinen auch, wie im ersten Teil dieser Arbeit dargestellt wurde, durchaus geeignet, eine plausible Erklärung für das Ausgabeverhalten von Wirtschaftssubjekten oder Wirtschaftsgruppen zu geben. Aus dieser Art der Hypothesenkonstruktion folgt unmittelbar die Rekursivität des Modells. Die Verhaltensgleichungen können daher direkt mit der Kleinst-Quadrat-Methode geschätzt wer-

---
[15] Vgl. *Goldberger*, A. S.: a. a. O., S. 357.
[16] Die auf der rechten Seite der Gleichung stehende Matrix der zu den vorherbestimmten Variablen gehörigen Koeffizienten setzt sich aus den Ausgabeneigungen zusammen. Ihr formaler Aufbau ist allerdings anders als der der im ersten Teil in den Gleichungen (I.2.7) und (I.2.8) behandelten Matrix 𝔅, die sich ebenfalls aus den Ausgabeneigungen zusammensetzt.

den. Allerdings sind die Schätzwerte nicht erwartungstreu, da als unabhängige Variable lediglich verzögerte abhängige Variable auftreten, für die die Voraussetzung (II. 1.4) nicht erfüllt ist[17].

b) Die direkte Kleinst-Quadrat-Methode

Eine beliebige Verhaltensgleichung des linearen Modells (II. 1.1) läßt sich folgendermaßen darstellen

(II. 1.6) $\quad y_i(t) = b_{i1} z_1(t) + b_{i2} z_2(t) + \ldots + b_{im} z_m(t) + d_i + u_i(t)$.

Zur Vereinfachung wurde dabei allerdings vorausgesetzt, daß die Matrix $\mathfrak{A}$ die Form der Einheitsmatrix hat. In Matrixform geschrieben lautet die Gleichung (II. 1.6)

(II. 1.7) $\quad y_i(t) = \mathfrak{b}'_i \mathfrak{z}(t) + d_i + u_i(t)$.

Mit $\mathfrak{b}_i$ wird der Zeilenvektor der zu schätzenden strukturellen Parameter, mit $\mathfrak{z}(t)$ der Spaltenvektor der m unabhängigen Variablen bezeichnet; $y_i(t)$ ist die abhängige Variable, d_i das absolute Glied der Gleichung und $u_i(t)$ die Zufallsvariable. Werden der Vektor der geschätzten Parameter mit $\hat{\mathfrak{b}}_i$ und das geschätzte absolute Glied mit $\hat{d}_i$ repräsentiert, so lassen sich auf folgende Weise „theoretische" Werte $\hat{y}_i(t)$ für $y_i(t)$ berechnen

(II. 1.8) $\quad \hat{y}_i(t) = \hat{\mathfrak{b}}_i \mathfrak{z}(t) + \hat{d}_i$.

Die Abweichungen zwischen den beobachteten und den „theoretischen" y-Werten, die sogenannten Residuen, werden als Schätzwerte der Zufallsvariablen aufgefaßt und mit $\hat{u}_i(t)$ bezeichnet. Es ist also

(II. 1.9) $\quad y_i(t) = \hat{\mathfrak{b}}_i \mathfrak{z}(t) + \hat{d}_i + \hat{u}_i(t)$.

Die Methode der kleinsten Quadrate besteht darin, die Parameter $\hat{\mathfrak{b}}_i$ und $\hat{d}_i$ so zu bestimmen, daß die Summe der quadrierten Residuen ein Minimum ist. Für diese Summe gilt

(II. 1.10) $\quad \displaystyle\sum_{t=1}^{T} \hat{u}_i^2(t) = \sum_{t=1}^{T} [y_i(t) - \hat{\mathfrak{b}}_i \mathfrak{z}(t) - \hat{d}_i]^2$.

---

[17] Die Verzerrung kann bei kleinen Stichproben bzw. kurzen Zeitreihen beachtlich sein. Vgl. hierzu *Hurwicz*, L.: Least-Squares Bias in Time Series, in: Koopmans, T. C. ed.: Statistical Inference in Dynamic Economic Models, New York 1950, S. 365—383, *Valavanis*, St.: Econometrics. An Introduction to Maximum Likelihood Methods, ed. by Conrad, A. E., New York 1959, chapter 3, S. 52—62 und *Johnston, J.*: a. a. O., chapter 8—3, S. 211—221.

Diese Funktion hat an der Stelle ein Minimum, an der die ersten Ableitungen nach den strukturellen Parametern gleich Null und die zweiten Ableitungen positiv sind. Die partielle Differenzierung nach $\hat{d}_i$ ergibt

(II. 1.11)
$$\frac{\delta \left[\sum_{t=1}^{T} \hat{u}_i^2(t)\right]}{\delta \hat{d}_i} = -2 \sum_{t=1}^{T} [y_i(t) - \hat{b}_i \mathfrak{z}(t) - \hat{d}_i].$$

Daraus folgt nach dem Nullsetzen[18]

(II. 1.12)
$$\hat{d}_i = \frac{\sum_{t=1}^{T} y_i(t) - \hat{b}_i \sum_{t=1}^{T} \mathfrak{z}(t)}{T}.$$

Werden in (II. 1.12) statt der beobachteten Werte die jeweiligen Abweichungen vom arithmetischen Mittel eingesetzt, so nimmt $\hat{d}_i$ den Wert Null an. Unter Berücksichtigung der Voraussetzung (II. 1.2) läßt sich die Gleichung (II. 1.10) dann auf folgende Weise schreiben

(II. 1.13)
$$\sum_{t=1}^{T} \hat{u}_i^2(t) = \sum_{t=1}^{T} \left\{[y_i(t) - \bar{y}_i] - \hat{b}_i [\mathfrak{z}(t) - \bar{\mathfrak{z}}]\right\}^2$$

$$\text{mit } \bar{y}_i = \frac{\sum_{t=1}^{T} y_i(t)}{T} \quad \text{und } \bar{\mathfrak{z}} = \frac{\sum_{t=1}^{T} \mathfrak{z}(t)}{T}$$

Um zu einer abgekürzten Schreibweise zu kommen, werden Momente verwendet, die folgendermaßen definiert sind

(II. 1.14)
$$m_{y_i y_i} = \sum_{t=1}^{T} [y_i(t) - \bar{y}_i]^2$$

$$m_{y_i z_j} = \sum_{t=1}^{T} [y_i(t) - \bar{y}_i] [z_j(t) - \bar{z}_j]$$

$$m_{z_j z_k} = \sum_{t=1}^{T} [z_j(t) - \bar{z}_j] [z_k(t) - \bar{z}_k].$$

Wenn ferner $\mathfrak{m}_{y_i \mathfrak{z}}$ den Zeilenvektor der m Momente $m_{y_i z_1}, \ldots, m_{y_i z_m}$ und $\mathfrak{M}_{\mathfrak{z}\mathfrak{z}}$ die symmetrische Matrix der Momente $m_{z_j z_k}$ bezeichnen, kann man (II. 1.13) wie folgt darstellen

(II. 1.15)
$$\sum_{t=1}^{T} \hat{u}_i^2(t) = m_{y_i y_i} - 2 \hat{b}_i \mathfrak{m}_{y_i \mathfrak{z}} + \hat{b}_i^2 \mathfrak{M}_{\mathfrak{z}\mathfrak{z}}.$$

---

[18] Daß die Funktion an dieser Stelle tatsächlich ein Minimum hat, ergibt sich daraus, daß die zweite Ableitung + 2 ist.

Teil II: Untersuchungsmethoden

Wird diese Gleichung nach $\hat{b}_i$ differenziert und gleich Null gesetzt, so erhält man nach einigen Umformungen[19]

(II.1.16) $$\hat{b}_i = m_{y_i \delta} \mathfrak{M}_{\delta\delta}^{-1} ,$$

die ein System von „Normalgleichungen" repräsentiert, aus dem der Vektor der Parameter $\hat{b}_i$ bestimmt werden kann. Das ist allerdings nur dann möglich, wenn die Matrix $\mathfrak{M}_{\delta\delta}$ nicht singulär ist[20]. Insbesondere dürfen keine linearen (funktionalen) Abhängigkeiten zwischen den unabhängigen Variablen (sogenannte Kollinearität) gegeben sein[21]. Für den besonders einfachen Fall, daß der Vektor der unabhängigen Variablen nur aus einer einzigen Variablen besteht, ist diese Frage jedoch irrelevant. Andernfalls muß — etwa mit Hilfe der Büschelkartenanalyse — geprüft werden, ob die Voraussetzung über das Nichtvorhandensein funktionaler Kollinearität nicht zu sehr verletzt ist.

Numerische Verfahren zur Bestimmung der Parameter, so z. B. die Doolittle-Methode[22], bestehen im wesentlichen darin, die Matrix $\mathfrak{M}_{\delta\delta}^{-1}$ zu berechnen. Für den oben erwähnten Fall, daß nur eine einzige unabhängige Variable vorhanden ist, reduziert sich die Gleichung (II.1.7) auf

(II.1.17) $$y_i(t) = b_{ij} z_j(t) + d_i + u_i(t) .$$

Für die Schätzung des Parameters b_{ij} gilt dann

(II.1.18) $$\hat{b}_{ij} = m_{y_i z_j} \frac{1}{m_{z_j z_j}} .$$

Bei praktischen Berechnungen empfiehlt es sich, statt der einfachen Momente die T-fachen Momente zu verwenden. Hierfür lassen sich nämlich Formeln angeben, bei denen eine Berechnung der arithmetischen Mittel, die eine Division[23] durch T erfordert, vermieden wird. Im einzelnen lauten diese Formeln

---

[19] Vgl. *Menges*, G.: a. a. O., S. 93.
[20] Für Fälle, in denen die Determinante $|\mathfrak{M}_{\delta\delta}| = 0$ ist, läßt sich die Inversion $\mathfrak{M}_{\delta\delta}^{-1}$ nicht durchführen.
[21] Vgl. hierzu *Gehrig*, G. und *Kuhlo*, K. C.: Ökonometrische Analyse des Produktionsprozesses, Ifo-Studien, 7, 1961, S. 191/192.
[22] Diese Methode ist beschrieben bei *Klein*, L. R.: a. a. O., S. 151/155.
[23] Divisionen führen grundsätzlich zu Ungenauigkeiten, da immer nur eine begrenzte Stellenzahl berücksichtigt werden kann und die letzte Stelle gerundet werden muß. Sie sollten daher möglichst bis zum Schluß der Rechnung aufgeschoben werden. Vgl. hierzu *Kuhlo*, K. C.: Sukzessive und genaue Berechnung von Regressionskoeffizienten, Ifo-Studien, 8, 1962, S. 19—44.

Erster Abschnitt: Die Schätzmethode

(II.1.19)
$$T m_{y_i z_j} = T \sum_{t=1}^{T} y_i(t) z_j(t) - \sum_{t=1}^{T} y_i(t) \sum_{t=1}^{T} z_j(t)$$
$$T m_{z_j z_j} = T \sum_{t=1}^{T} z_j^2(t) - \sum_{t=1}^{T} z_j(t) \sum_{t=1}^{T} z_j(t) \ .$$

Für die Bestimmung des Parameters b_{ij} ergibt sich daher

(II.1.20)
$$\hat{b}_{ij} = \frac{T m_{y_i z_j}}{T m_{z_j z_j}} \ .$$

Ist der Parameter $\hat{b}_{ij}$ bestimmt worden, so läßt sich die Berechnung des absoluten Gliedes folgendermaßen durchführen:

(II.1.21)
$$\hat{a}_i = \frac{\sum_{t=1}^{T} y_i(t) - \hat{b}_{ij} \sum_{t=1}^{T} z_j(t)}{T} \ .$$

In beiden Fällen erfolgt die Division erst am Schluß der Rechnung. Da es sich bei dem im ersten Teil der Arbeit abgeleiteten theoretischen Modell um ein System von Gleichungen handelt, die jeweils nur eine unabhängige Variable enthalten, wurden den praktischen Berechnungen die Formeln (II.1.20) und (II.1.21) zugrundegelegt. Um die geschätzten Strukturgleichungen ökonometrisch beurteilen zu können, sind in der Regel weitere Berechnungen erforderlich. Insbesondere müssen der Bestimmtheitskoeffizient R^2, die Streuung der Gleichung (bzw. der Residuen) S^2 und die Streuung des Parameters $\hat{b}_{ij}$, nämlich $S^2_{\hat{b}_{ij}}$, berechnet werden. Das geschieht am besten mit Hilfe folgender praktischer Formeln[24]

(II.1.22)
$$R^2 = \frac{\hat{b}_{ij} T m_{y_i z_j}}{T m_{y_i y_i}} \qquad \overline{R}^2 = 1 - \frac{(1 - R^2)(T-1)}{T-2}$$

$$\overline{S}^2 = \frac{T m_{y_i y_i} - \hat{b}_{ij} T m_{y_i z_j}}{T(T-2)}$$

$$\overline{S}^2_{\hat{b}_{ij}} = \frac{T \overline{S}^2}{T m_{z_j z_j}} \ .$$

---

[24] Vgl. hierzu auch *Klein*, L. R.: a. a. O., S. 153. Auf eine Ableitung der Formeln wird hier verzichtet.

Der Querstrich deutet an, daß die betreffenden statistischen Maßzahlen jeweils um die Freiheitsgrade berichtigt wurden. Der Korrelationskoeffizient sowie die mittleren Fehler (Standardabweichungen) der Gleichung und des Parameters $\hat{b}_{ij}$ können leicht als Quadratwurzeln bestimmt werden. Für den Fall, daß die zu schätzende Gleichung mehrere unabhängige Variablen enthält, lassen sich ähnliche Formeln angeben. Es erscheint dann allerdings zweckmäßig, außer dem multiplen auch die partiellen Korrelationskoeffizienten zu berechnen.

Zweiter Abschnitt

Die Prüfmethoden

a) Allgemeine Beurteilung der Schätzergebnisse

Einen Anhaltspunkt dafür, wie gut die Streuung der abhängigen Variablen durch eine lineare Funktion, deren Parameter mit der Kleinst-Quadrat-Methode geschätzt wurden, erklärt werden kann, gibt der Bestimmtheitskoeffizient $\bar{R}^2$ (Quadrat des Korrelationskoeffizienten). Er liegt zwischen plus und minus eins. Ein Bestimmtheitskoeffizient in Höhe von 0,9 besagt z. B., daß 90 vH der Streuung der abhängigen Variablen durch die geschätzte Funktion erklärt werden. Um zu prüfen, ob die gefundene lineare Beziehung zwischen der abhängigen und der unabhängigen Variablen signifikant ist, wird eine Testgröße t_R berechnet, die folgendermaßen definiert ist[25]

(II. 2.1) $$t_R = \frac{R\sqrt{T-2}}{\sqrt{1-R^2}} .$$

Diese Größe ist wie Students t mit $T-2$ Freiheitsgraden verteilt. Mit ihrer Hilfe kann geprüft werden, ob der Korrelationskoeffizient und damit auch der Bestimmtheitskoeffizient signifikant von Null (sogenannte Nullhypothese) verschieden sind. Man betrachtet einen Koeffizienten bei diesem Test dann als signifikant, wenn sich bei einer bestimmten vorgegebenen Irrtumswahrscheinlichkeit (Wahrscheinlichkeit dafür, die Nullhypothese irrtümlicherweise abzulehnen) ergibt, daß die Annahme, er sei gleich Null, zurückgewiesen werden muß. Die Verteilung von Students t liegt für verschiedene Irrtumswahrscheinlichkeiten tabelliert vor[26]. Je nach dem Grad der Vorsicht, der angewendet werden soll, kann man eine Irrtumswahrscheinlichkeit von 0,05, 0,01 oder 0,001 zugrundelegen. Die Nullhypothese wird dann abgelehnt, d. h. der Koeffizient wird als signifikant betrachtet, wenn die nach (II. 2.1) berechnete Testgröße den entsprechenden Tabellenwert der t-Verteilung mit $T-2$ Freiheitsgraden übersteigt. Dieser Test

---

[25] *Menges*, G.: a. a. O., S. 203.
[26] Eine solche Tabelle findet sich beispielsweise bei *Tintner*, G.: Handbuch der Ökonometrie, Berlin 1960, S. 317.

setzt jedoch, wie die meisten der bisher in der ökonometrischen Forschung verwendeten Prüfmethoden, voraus, daß die Zufallsvariable (bzw. die Residuen) der geschätzten Gleichung annähernd normal verteilt ist, eine Voraussetzung, die für die Kleinst-Quadrat-Schätzung selbst nicht erforderlich ist.

Durch die Standardabweichung $\overline{S}$ ist ein Maß dafür gegeben, wie groß der Fehler ist, der bei einer Erklärung der abhängigen Variablen durch eine lineare Funktion gemacht wird. Da die Maßeinheit der Standardabweichung gleich der Maßeinheit der abhängigen Variablen ist, können die Standardabweichungen verschiedener Funktionen nicht ohne weiteres miteinander verglichen werden. Selbst bei gleicher Maßeinheit wird ein solcher Vergleich dadurch erschwert, daß die Standardabweichung mit der Größenordnung der in der Funktion enthaltenen Variablen variiert. Um zu einem Urteil darüber zu kommen, welcher von mehreren verschiedenen Standardabweichungen der kleinere Fehler entspricht, werden sie auf das gleich 100 vH gesetzte arithmetische Mittel der jeweils zugehörigen abhängigen Variablen bezogen. Man erhält dadurch eine Verhältniszahl, die als Variationskoeffizient bezeichnet wird

(II. 2.2) $$V = \frac{\overline{S}}{\bar{z}_i} \cdot 100 \text{ vH}.$$

Je geringer der Variationskoeffizient ist, um so kleiner ist der mittlere Fehler der Funktion. Für ein aus mehreren Gleichungen bestehendes Modell läßt sich der durchschnittliche Fehler des gesamten Modells berechnen.

b) Zuverlässigkeit der Parameterschätzungen

Ebenso wie der Bestimmtheitskoeffizient kann auch der Parameter $\hat{b}_{ij}$ auf seine Signifikanz geprüft werden. Dazu wird gleichfalls die t-Verteilung verwendet. Die zu berechnende Testgröße[27] lautet

(II. 2.3) $$t_{\hat{b}_{ij}} = \frac{|\hat{b}_{ij}|}{\overline{S}_{\hat{b}_{ij}}}.$$

---

[27] Es läßt sich zeigen, daß die Testgröße für den Parameter $\hat{b}_{ij}$ identisch ist mit derjenigen für den Bestimmtheitskoeffizienten R^2. Durch Quadrieren der Gleichung (II. 2.3) erhält man

$$t^2_{\hat{b}_{ij}} = \frac{\hat{b}^2_{ij}}{\overline{S}^2_{\hat{b}_{ij}}}.$$

(Fortsetzung Seite 49)

Die Hypothese $b_{ij} = 0$ wird in den Fällen zurückgewiesen, in denen $t_{\hat{b}_{ij}}$ größer ist als der der gewählten Irrtumswahrscheinlichkeit und den zu berücksichtigenden Freiheitsgraden entsprechende Tabellenwert der t-Verteilung.

Die Kleinst-Quadrat-Methode liefert, wie alle anderen in der ökonometrischen Forschung zur Parameterschätzung verwendeten Verfahren, eine sogenannte Punktschätzung für b_{ij}. Der geschätzte Parameter muß aber als zufällige Variable aufgefaßt werden, die in einem bestimmten Bereich streut. Wird angenommen, daß der Parameter normal verteilt und $\overline{S}_{\hat{b}_{ij}}$ annähernd gleich der in der Grundgesamtheit gegebenen Standardabweichung ist, was allerdings nur bei großem T zulässig ist, dann fällt der wahre Parameter b_{ij} in 99 vH aller Fälle in den Bereich $\hat{b}_{ij} \pm 2{,}58\, \overline{S}_{\hat{b}_{ij}}$. Bei Zeitreihenanalysen ist der Umfang

---

Daraus ergibt sich nach Einsetzen der in (II.1.22) dargestellten Ausdrücke für $\overline{S}^2_{\hat{b}_{ij}}$ und $\overline{S}^2$

$$t^2_{\hat{b}_{ij}} = \frac{\hat{b}^2_{ij}}{\dfrac{\overline{S}^2}{m_{z_j z_j}}} = \frac{\hat{b}^2_{ij} m_{z_j z_j}}{\overline{S}^2} = \frac{\hat{b}^2_{ij} m_{z_j z_j}}{\dfrac{m_{y_i y_i} - \hat{b}_{ij} m_{y_i z_j}}{T-2}}$$

$$t^2_{\hat{b}_{ij}} = \frac{\hat{b}^2_{ij} m_{z_j z_j}(T-2)}{m_{y_i y_i} - \hat{b}_{ij} m_{y_i z_j}}.$$

Werden Zähler und Nenner durch $m_{y_i y_i}$ dividiert, so erhält man

$$t^2_{\hat{b}_{ij}} = \frac{\dfrac{\hat{b}^2_{ij} m_{z_j z_j}}{m_{y_i y_i}}(T-2)}{1 - \dfrac{\hat{b}_{ij} m_{y_i z_j}}{m_{y_i y_i}}}.$$

Unter Berücksichtigung des in (II.1.18) gegebenen Ausdrucks für $\hat{b}_{ij}$ sowie des in (II.1.22) gegebenen Ausdrucks für R^2 wird daraus

$$t^2_{\hat{b}_{ij}} = \frac{\dfrac{\hat{b}_{ij} \dfrac{m_{y_i z_j}}{m_{z_j z_j}} m_{z_j z_j}}{m_{y_i y_i}}(T-2)}{1 - \dfrac{\hat{b}_{ij} m_{y_i z_j}}{m_{y_i y_i}}} = \frac{R^2(T-2)}{1-R^2}.$$

Wird radiziert, so ergibt sich

$$t_{\hat{b}_{ij}} = \frac{R\sqrt{T-2}}{\sqrt{1-R^2}}.$$

der Stichprobe, d. h. der Wert von T, häufig jedoch nicht groß genug, um diese Annahmen rechtfertigen zu können. In solchen Fällen ist es besser, die t-Verteilung zu verwenden. Der wahre Parameter liegt dann mit einer bestimmten vorgegebenen Wahrscheinlichkeit in dem Bereich $\hat{b}_{ij} \pm t\,\overline{S}_{\hat{b}_{ij}}$, wobei t den der vorgegebenen Wahrscheinlichkeit bei $T-2$ Freiheitsgraden entsprechenden Wert der t-Verteilung darstellt. Man bezeichnet den auf diese Weise konstruierten Bereich als Vertrauensbereich (Konfidenzintervall) und hat so die Punktschätzung durch eine Bereichschätzung ersetzt. Beträgt die gewählte Irrtumswahrscheinlichkeit beispielsweise 0,05, so werden Parameterschätzungen, die auf Stichproben aus der gleichen Grundgesamtheit beruhen, nur in 5 vH aller Fälle zu Schätzwerten führen, die nicht in den Vertrauensbereich fallen. Streng genommen ist das geschilderte Verfahren — ebenso wie die anderen beschriebenen Testmethoden — allerdings nur dann anwendbar, wenn die Variable z_j keine verzögerte abhängige Variable ist[28], eine Voraussetzung, die für das im ersten Teil dieser Arbeit abgeleitete theoretische Modell nicht zutrifft. Je enger der konstruierte Konfidenzbereich ist, umso besser wird das erzielte Schätzergebnis zu beurteilen sein. Ein Vergleich der Vertrauensintervalle verschiedener Parameter läßt sich ermöglichen, indem das Verhältnis

$$\frac{t\,\overline{S}_{\hat{b}_{ij}}}{\hat{b}_{ij}}$$

gebildet wird.

Bei den beschriebenen Testverfahren handelt es sich um sogenannte parametrische Methoden, bei denen vorausgesetzt wird, daß die Zufallsvariable normal verteilt ist. Verschiedentlich sind erhebliche Zweifel an der Gültigkeit dieser Annahme für den Bereich der Sozialwissenschaften geäußert worden[29]. Die ökonometrische Forschung befindet sich hier in einer grundsätzlichen Schwierigkeit. Da die Voraussetzung einer normal verteilten Grundgesamtheit tatsächlich problematisch ist, wäre es besser, die Signifikanz der geschätzten Parameter und Koeffizienten verteilungsfrei, d. h. nichtparametrisch zu prüfen. Solche verteilungsfreien Methoden sind jedoch andererseits wenig trennscharf. Der Annahmebereich für die Nullhypothese ist bei diesen Verfahren wesentlich größer als bei den parametrischen. Zahlreiche aufgrund kleiner Stichproben geschätzte Parameter und Koeffizienten müßten dann als nicht signifikant bezeichnet werden.

---

[28] *Menges*, G.: a. a. O., S. 115. Vgl. auch Anmerkung 17 auf S. 42.
[29] *Anderson*, O.: Probleme der statistischen Methodenlehre in den Sozialwissenschaften, 4. Aufl., Würzburg 1962, S. 119/122 und S. 225/226.

Soll beispielsweise versucht werden, die Signifikanz des Korrelationskoeffizienten R bei einer Irrtumswahrscheinlichkeit von 0,05 mit Hilfe der Ungleichung von Bienaymé-Tschebyscheff zu prüfen, so ist in dem Fall der hier zugrundeliegenden linearen Gleichung mit einer unabhängigen Variablen ein Mindestumfang der Stichprobe von $T = 21$ erforderlich[30]. Für eine Irrtumswahrscheinlichkeit von 0,01 erhöht sich dieser Umfang auf $T = 101$. Die Ungleichung von Bienaymé-Tschebyscheff besagt, daß die Wahrscheinlichkeit dafür, daß der Wert einer zufälligen Variablen x in den Grenzen $E(x) \pm t \sigma_x$ liegt, größer als $1 - \frac{1}{t^2}$ ist, unabhängig davon, welchem speziellen Verteilungsgesetz x folgt[31]. Wird verlangt, daß x mit einer Wahrscheinlichkeit von 0,95 in diesen Bereich fällt, d. h. daß die Wahrscheinlichkeit dafür, irrtümlicherweise anzunehmen, x falle nicht in den Bereich (Irrtumswahrscheinlichkeit) nur 0,05 beträgt, so ergibt sich $t^2 = 20$. Der Korrelationskoeffizient liegt aber notwendigerweise in den Grenzen ± 1. Es gilt also $E(R) + t \sigma_R \leq 1$ und $E(R) - t \sigma_R \geq -1$. Für die Hypothese $R = 0$ ist aber $E(R) = 0$ und $\sigma_R = \frac{1}{T-1}$. Daraus folgt $\frac{t^2}{T-1} \leq 1$, woraus sich für $t^2 = 20$ ergibt, daß $T \geq 21$ sein muß. Bei kleineren Stichproben kann die Nullhypothese für eine Irrtumswahrscheinlichkeit von 0,05 nicht zurückgewiesen werden. Eine „Sicherung" gelingt in diesen Fällen erst, wenn eine noch höhere Irrtumswahrscheinlichkeit in Kauf genommen wird. Für eine Stichprobe von $T = 11$ muß sie z. B. auf 0,10 heraufgesetzt werden. Ähnliche Probleme ergeben sich bei der Prüfung von Regressionsparametern. Gleichwohl dürfte es in jedem Fall zu empfehlen sein, die beschriebenen parametrischen Tests vorzunehmen, als es mit dem negativen Ausgang der Prüfung mit Hilfe der Ungleichung von Bienaymé-Tschebyscheff bewenden zu lassen. Der für die erfolgreiche Anwendung dieser Ungleichung erforderliche Stichprobenumfang ist zudem so groß, daß die bei Zeitreihenanalysen vorausgesetzte Konstanz der Verhaltensstruktur fraglich erscheint. Selbst wenn Vierteljahreszahlen verwendet werden, erfordert die Prüfung des Korrelationskoeffizienten bei einer Irrtumswahrscheinlichkeit von 0,01 in dem oben behandelten Fall eine Datenreihe über mehr als 25 Jahre. Man sollte sich allerdings stets bewußt bleiben, daß mit den an die Voraussetzung einer normal verteilten Grundgesamtheit gebundenen Testverfahren nur eine relative Sicherheit zu erreichen ist. Im übrigen kann versucht werden, die erzielten Schätzergebnisse auch ökonomisch zu prüfen[32].

---

[30] Vgl. hierzu und zu dem Folgenden *Anderson*, O.: a. a. O., S. 202 ff.
[31] Dabei muß $t > 0$ sein. Siehe *Goldberger*, A. S.: a. a. O., S. 80.
[32] Vgl. dazu *Gehrig*, G.: Eine ökonometrische Analyse des Konsums von 1925 bis 1938 und 1950 bis 1957, Berlin 1962, S. 39/40.

c) Prüfung der Autokorrelation und autoregressive Transformation

Neben der Prüfung der Nullhypothese für die Korrelationskoeffizienten und Regressionsparameter wird bei Zeitreihenanalysen im allgemeinen untersucht, ob die Residuen der geschätzten Gleichung autokorreliert sind[33]. Dabei begnügt man sich in der Regel damit zu prüfen, ob ein (linearer) Zusammenhang zwischen den Restwerten zweier aufeinander folgender Perioden besteht. Hierfür ist eine Reihe von Verfahren entwickelt worden[34]. Im folgenden wird lediglich auf den besonders gebräuchlichen Test von John von Neumann eingegangen[35], der darin besteht, das Verhältnis

(II. 2.4) $$D = \frac{\delta^2}{S^2} = \frac{T \sum_{t=2}^{T} \left[\hat{u}_i(t) - \hat{u}_i(t-1)\right]^2}{(T-1) \sum_{t=1}^{T} \hat{u}_i^2(t)}$$

zu berechnen. Der Erwartungswert dieses Quotienten, nämlich $E(D) = \frac{2T}{T-1}$, konvergiert für den Fall, daß keine Autokorrelation zwischen $\hat{u}_i(t)$ und $\hat{u}_i(t-1)$ vorliegt, bei wachsendem T gegen zwei. Sind die aufeinander folgenden Residuen positiv miteinander korreliert, so konvergiert er gegen Null, bei negativer Korrelation strebt er gegen vier. Die Werte von D sind unter der Annahme der Normalverteilung der Residuen für verschiedene Signifikanzniveaus von Hart tabelliert worden[36]. Liegt ein empirisch gefundener D-Wert bei positiver Korrelation unter, bei negativer Korrelation über den dem Stich-

---

[33] Sind die Restwerte miteinander korreliert, so ist eine der auf S. 39 beschriebenen Voraussetzungen nicht erfüllt. Dadurch werden die mit Hilfe der geschilderten Methoden erzielten Ergebnisse teilweise erheblich beeinträchtigt. Vgl. hierzu *Wise*, J.: Regression Analysis of Relationships between Autocorrelated Time Series, Journal of the Royal Statistical Society, Series B, 18, 1956, S. 240—256, *Griliches*, Z.: A Note on Serial Correlation Bias in Estimates of Distributed Lags, Econometrica, 29, 1961, S. 65—73 und *Johnston*, J.: a. a. O., S. 179.

[34] Eine Übersicht gibt *Anderson*, R. L.: The Problem of Autocorrelation in Regression Analysis, Journal of the American Statistical Association, 49, 1954, S. 113—129.

[35] *Neumann*, J. von, *Kent*, R. H., *Bellinson*, H. R. and *Hart*, B. I.: The Mean Square Successive Difference, Annals of Mathematical Statistics, 12, 1941, S. 153—162, *Williams*, J. D.: Moments of the Ratio of the Mean Square Successive Difference to the Mean Square Difference in Samples from a Normal Universe, ebd., S. 239—241, *Neumann*, J. von: Distribution of the Ratio of the Mean Square Successive Difference to the Variance, ebd., S. 367—395 und *Hart*, B. I.: Tabulation of the Probabilities for the Ratio of the Mean Square Successive Difference to the Variance, Annals of Mathematical Statistics, 13, 1942, S. 207—214.

[36] *Hart*, B. I.: Significance Levels for the Ratio of the Mean Square Successive Difference to the Variance, Annals of Mathematical Statistics, 13, 1942, S. 445—447.

probenumfang entsprechenden Tabellenwerten, so kann die Hypothese der Nicht-Autokorrelation der Residuen mit der gewählten Irrtumswahrscheinlichkeit nicht angenommen werden. Streng genommen läßt sich dieser Test allerdings nur auf gegebene Reihen und nicht auf die Residuen einer Regressionsgleichung anwenden. Der von Durbin und Watson[37] entwickelte Test, der dieser Tatsache Rechnung trägt, führt demgegenüber nicht in allen Fällen zu einer Entscheidung. Besonders bei kleinen Stichproben sind die Bereiche, für die der Test von Durbin und Watson keine Entscheidung liefert, beträchtlich. Es dürfte daher in diesen Fällen zu empfehlen sein, sich mit der Anwendung des von Neumannschen Tests zu begnügen und die Ergebnisse entsprechend vorsichtig zu bewerten[38].

Ergibt der Test, daß sich die Hypothese, die Restwerte seien nicht miteinander korreliert, nicht halten läßt, so kann versucht werden, die Autokorrelation der Residuen bei der Schätzung zu berücksichtigen. Dazu ist es allerdings erforderlich, Voraussetzungen über die Form des Zusammenhangs zwischen den Residuen zu machen. Eine verhältnismäßig einfache Annahme besteht darin, hierfür eine lineare homogene Differenzengleichung erster Ordnung heranzuziehen[39]. In diesem Fall gilt

(II. 2.5) $\qquad u_i(t) = r_i u_i(t-1) + v_i(t)$.

Solche Gleichungen werden als Autoregressionsgleichungen bezeichnet[40]. Der Parameter r_i stellt einen autoregressiven Parameter dar. Über die Zufallsvariable v_i werden die gleichen Annahmen[41] gemacht wie bisher über u_i. Unter Berücksichtigung von (II. 2.5) erhält man aus der zu schätzenden Gleichung (II. 1.17) folgende Beziehung:

(II. 2.6) $\qquad y_i(t) = r_i y_i(t-1) + b_{ij}[z_j(t) - r_i z_j(t-1)] + (1 - r_i) d_i + v_i(t)$.

---

[37] *Durbin, J.* and *Watson, G. S.*: Testing for Serial Correlation in Least Squares Regression, Biometrica, 37, 1950, S. 409—428 und 38, 1951, S. 159—178. Von diesen beiden Autoren wird als Testgröße $D \dfrac{T-1}{T}$ verwendet.

[38] Der Test von Durbin und Watson ist bisher auch nur wenig bei praktischen Untersuchungen verwendet worden. Als Beispiel einer Anwendung im Rahmen eines größeren ökonometrischen Modells vgl. *Liu, T.-Ch.*: An Explanatory Quarterly Econometric Model of Effective Demand in the Postwar U. S. Economy, Econometrica, 31, 1963, S. 301—348. Siehe aber auch *Scherf, H.*: Zur Frage der Beziehungen zwischen Löhnen und Preisen in der Bundesrepublik Deutschland 1951 bis 1961, Weltwirtschaftliches Archiv, 93, 1964, S. 44—78.

[39] Vgl. zu dem Folgenden *Klein, L. R.*: a. a. O., S. 85—89.

[40] Die besondere Eigenart der hier verwendeten Autoregressionsgleichung besteht darin, daß außer dem Parameter r_i auch sämtliche Variablen der Gleichung unbekannte Größen sind. Anstelle von Differenzengleichungen erster Ordnung können auch Differenzengleichungen höherer Ordnung benutzt werden.

[41] Vgl. S. 38.

Dabei handelt es sich um eine Gleichung, die nicht-linear in den Parametern ist. Werden die Variablen wiederum als Abweichungen von ihren Mittelwerten gemessen, so ist das absolute Glied gleich Null. Für die Summe der quadrierten Residuen ergibt sich dann

(II. 2.7) $\quad \sum\limits_{t=1}^{T} \hat{v}_i^2(t) = \sum\limits_{t=1}^{T} \{ [y_i(t) - \bar{y}_i(t)] - \hat{r}_i [y_i(t-1) - \bar{y}_i(t-1)]$

$\quad\quad\quad\quad - \hat{b}_{ij} [z_j(t) - \bar{z}_j^{\cdot}(t)] + \hat{r}_i \hat{b}_{ij} [z_j(t-1) - \bar{z}_j(t-1)] \}^2$.

Durch partielles Differenzieren nach $\hat{r}_i$ und $\hat{b}_{ij}$ sowie Nullsetzen erhält man daraus nach einiger Umformung für $\hat{r}_i$ ein Polynom fünften Grades. Als Schätzwert $\hat{r}_i$ wird jene Wurzel des Polynoms verwendet, für die $\sum\limits_{t=1}^{T} \hat{v}_i^2(t)$ das geringste Minimum aufweist. Nachdem $\hat{r}_i$ auf diese Weise bestimmt worden ist, kann es in die gleich Null gesetzte erste Ableitung nach $\hat{b}_{ij}$ eingesetzt werden. Hieraus läßt sich dann der gesuchte Schätzwert $\hat{b}_{ij}$ berechnen[42]. Die Schätzung wird mithin durch die Bestimmung von $\hat{r}_i$ beträchtlich kompliziert.

Um den mit der Berechnung von $\hat{r}_i$ verbundenen Rechenaufwand zu verringern, sind verschiedene Verfahren entwickelt worden, mit denen $\hat{r}_i$ annäherungsweise bestimmt werden kann. Am einfachsten ist es, anzunehmen, $\hat{r}_i$ sei gleich eins. Das führt dazu, daß anstelle der ursprünglichen Variablen $y_i(t)$ und $z_j(t)$ ihre ersten Differenzen $y_i(t) - y_i(t-1)$ und $z_j(t) - z_j(t-1)$ zugrundegelegt werden[43]. Diese Approximation dürfte in allen jenen Fällen genügen, in denen der Autoregressionsparameter nahe an eins herankommt. Da hierüber aber a priori nichts bekannt ist, erscheint es empfehlenswerter, $\hat{r}_i$ aus den Residuen $\hat{u}_i(t)$ zu berechnen. Tintner hat vorgeschlagen, als Schätzwert den ersten empirischen nichtzyklischen Autokorrelationskoeffizienten zu benutzen[44]. Eine weitere Methode, auf die im folgenden etwas näher eingegangen wird, da sie bei den späteren Berechnungen

---

[42] Dieser Schätzwert ist allerdings nicht erwartungstreu. Der Grund hierfür liegt darin, daß als erklärende Variable eine verzögerte abhängige Variable auftritt. Vgl. Anmerkung 17 auf S. 42.
[43] Dieser Vorschlag findet sich bei *Cochrane, D.* and *Orcutt, G. H.*: Application of Least Squares Regression to Relationships Containing Autocorrelated Error Terms, Journal of the American Statistical Association, 44, 1949, S. 54. Er ist in der ökonometrischen Forschung vielfach angewendet worden. Vgl. etwa *Gülicher, H.*: Ein einfaches ökonometrisches Dezisionsmodell zur Beurteilung der quantitativen Auswirkungen einiger wirtschaftspolitischer Maßnahmen für die Bundesrepublik Deutschland, Köln und Opladen 1961, sowie *Suits, D. B.*: Forecasting with an Econometric Model, American Economic Review, 52, 1962, S. 104—132, insbesondere S. 112 ff.
[44] *Tintner, G.*: a. a. O., S. 306. Dieser Koeffizient ist folgendermaßen definiert:

verwendet werden soll, besteht darin, den Parameter $\hat{r}_i$ aus den Residuen mit Hilfe der Kleinst-Quadrat-Methode zu schätzen[45]. Man erhält dann als Wert für den Autoregressionsparameter

(II. 2.8) $$\hat{r}_i = \frac{\sum_{t=2}^{T} \hat{u}_i(t)\, \hat{u}_i(t-1)}{\sum_{t=2}^{T} \hat{u}_i^2(t-1)}.$$

Dieser Schätzwert kann zu einer autoregressiven Transformation der Variablen $y_i(t)$ und $z_j(t)$ benutzt werden. Nach einer Umformung ergibt sich aus der Gleichung (II. 2.6)

(II. 2.9) $\quad y_i(t) - \hat{r}_i\, y_i(t-1) = b_{ij}\,[z_j(t) - \hat{r}_i\, z_j(t-1)] + (1 - \hat{r}_i)\, d_i + v_i(t)\,.$

Da $\hat{r}_i$ nach (II. 2.8) berechnet wurde, können die transformierten Variablen

(II. 2.10) $$y_i'(t) = y_i(t) - \hat{r}_i\, y_i(t-1)$$
$$z_j'(t) = z_j(t) - \hat{r}_i\, z_j(t-1)$$

gebildet werden. Setzt man $(1 - \hat{r}_i)\, d_i = d_i'$, so läßt sich (II. 2.9) folgendermaßen schreiben:

(II. 2.11) $$y_i'(t) = b_{ij}\, z_j'(t) + d_i' + v_i(t)\,.$$

Die Parameter dieser Gleichung werden nach der Kleinst-Quadrat-Methode geschätzt. Bestimmtheitskoeffizient und Streuungen können nach den angegebenen Formeln bestimmt werden. Sicherheitsprüfungen und die Berechnung von Konfidenzintervallen erfolgen ebenfalls nach den beschriebenen Methoden. Insbesondere muß untersucht werden, ob die Autokorrelation durch die vorgenommene Transformation beseitigt wurde, d. h. ob die Restwerte $\hat{v}_i(t)$ nicht autokorreliert sind. In der Regel wird die geschilderte autoregressive Transformation zu

$$r_1 = \frac{\sum_{t=1}^{T} u(t)\, u(t+1) - \dfrac{\sum_{t=1}^{T-1} u(t) \sum_{t=2}^{T} u(t)}{T-1}}{\sqrt{\left[\sum_{t=1}^{T-1} u^2(t) - \dfrac{\left[\sum_{t=1}^{T-1} u(t)\right]^2}{T-1}\right]\left[\sum_{t=2}^{T} u^2(t) - \dfrac{\left[\sum_{t=2}^{T} u(t)\right]^2}{T-1}\right]}}.$$

Angewendet wurde das Verfahren in der deutschen Literatur von *Ismar*, H., *Lange*, G., *Schweinitz*, H. von: Die Konsum- und die Investitionsfunktion. Eine Untersuchung für die Bundesrepublik Deutschland, Köln und Opladen 1962, sowie von *Scherf*, H.: a. a. O.

[45] *Klein*, L. R.: a. a. O., S. 85 ff.

einer Beseitigung oder doch beträchtlichen Verringerung der Autokorrelation zwischen den Residuen führen, so daß sich bei einer Anwendung des Tests von John von Neumann keine signifikante Autokorrelation mehr ergibt. Sollte das nicht der Fall sein, so kann das Verfahren wiederholt werden. Als Schätzwert für d_i erhält man

(II. 2.12) $$\hat{d}_i = \frac{\hat{d}'_i}{1 - \hat{r}_i}.$$

Inwieweit die auf diese Weise geschätzten Parameter $\hat{b}_{ij}$ und $\hat{d}_i$ den Ergebnissen entsprechen, die sich aus einer Schätzung der Gleichung (II. 2.6) ergeben würden, hängt davon ab, wie gut das nach (II. 2.8) bestimmte $\hat{r}_i$ jene Wurzel des Polynoms für $\hat{r}_i$ approximiert, für die die Summe der quadrierten Residuen das geringste Minimum aufweist.

Teil III

Ein Modell für die Bundesrepublik Deutschland

Erster Abschnitt

Die Struktur des Modells

a) Sektorengliederung und Strukturgleichungen

Im weiteren Verlauf der Arbeit soll ein aus vier Sektoren bestehendes Modell für die Bundesrepublik Deutschland mit den im zweiten Teil beschriebenen Methoden untersucht werden. Für die zwischen den einzelnen Sektoren fließenden Einnahmen-Ausgaben-Ströme wird dabei die im ersten Teil dargestellte Verhaltenshypothese zugrundegelegt. Die Sektorengliederung wurde im wesentlichen durch das vorhandene statistische Material bestimmt. Die gesamte Wirtschaft der Bundesrepublik ließ sich lediglich in die Sektoren „Haushalte" (private Haushalte und private Organisationen ohne Erwerbscharakter), „Staat" (Gebietskörperschaften, Sozialversicherung) und „Unternehmen" (einschließlich Bundesbahn und Bundespost) gliedern. Da die Bundesrepublik in wirtschaftlichen Beziehungen zu anderen Ländern steht, mußte darüber hinaus ein Sektor „Ausland" (übrige Welt) in das Modell aufgenommen werden. Erhalten die Haushalte die Ordnungsnummer 1, der Staat die Nummer 2, die Unternehmen die Nummer 3 und das Ausland die Nummer 4 und werden, wie im ersten Teil, die Ausgaben mit X und die Einnahmen mit Y bezeichnet, so ergibt sich für die vollständige Einnahmen-Ausgaben-Matrix eines solchen Vier-Sektoren-Modells in der Periode t das umstehende Bild.

Statistische Angaben über die Positionen dieser Matrix für die Bundesrepublik Deutschland liegen — mit einer Ausnahme — in den vom Statistischen Bundesamt erstellten Volkswirtschaftlichen Gesamtrechnungen vor. Die Ausnahme stellen die Innenumsätze des Sektors Ausland dar, für die die deutschen Gesamtrechnungen naturgemäß keine Zahlen liefern. Da der Sektor Ausland lediglich dazu gebildet wird, um das System zu schließen und einen vollständigen Kreislauf herzustellen, wurde darauf verzichtet, diese Lücke durch eigene Schätzun-

Einnahmen-Ausgaben-Matrix eines Vier-Sektoren-Modells in der Periode t

Ausgaben / Einnahmen	Haushalte	Staat	Unternehmen	Ausland	Insgesamt
Haushalte ..	$X_{11}(t)$	$X_{12}(t)$	$X_{13}(t)$	$X_{14}(t)$	$Y_1(t)$
Staat	$X_{21}(t)$	$X_{22}(t)$	$X_{23}(t)$	$X_{24}(t)$	$Y_2(t)$
Unternehmen	$X_{31}(t)$	$X_{32}(t)$	$X_{33}(t)$	$X_{34}(t)$	$Y_3(t)$
Ausland	$X_{41}(t)$	$X_{42}(t)$	$X_{43}(t)$	$X_{44}(t)$	$Y_4(t)$
Insgesamt ..	$X_1(t)$	$X_2(t)$	$X_3(t)$	$X_4(t)$	$X(t) = Y(t)$

gen zu ersetzen[1]. Die Größe $X_{44}(t)$ wird also für den gesamten zu betrachtenden Zeitraum als nicht vorhanden angesehen. Für drei weitere Variable ergab die Aufbereitung des statistischen Materials eine im Vergleich zu den entsprechenden Einnahmen so geringe Größenordnung, daß sich vermutlich nur statistisch wenig brauchbare Funktionen ergeben hätten. Dabei handelt es sich ebenfalls um Transaktionen mit dem Ausland, und zwar um die Ausgaben des Auslands an die Haushalte $X_{14}(t)$ und an den Staat $X_{24}(t)$ sowie um die Ausgaben der Haushalte an das Ausland $X_{41}(t)$. Auch diese Ausgaben wurden daher nicht in das Modell aufgenommen. Der Sektor Ausland ist mithin in dem Modell nur rudimentär vertreten. Unter Berücksichtigung dieser Modifizierungen hat die Einnahmen-Ausgaben-Matrix des zugrundeliegenden Vier-Sektoren-Modells für die Bundesrepublik Deutschland die nebenstehende Form.

Die Innenumsätze der Haushalte $X_{11}(t)$ stellen vor allem die von den Organisationen ohne Erwerbscharakter gezahlten Löhne und Gehälter sowie den Eigenverbrauch der Haushalte dar[2]. Ihre Ausgaben an den Staat $X_{21}(t)$ bestehen überwiegend aus den direkten Steuern sowie den Sozialversicherungsbeiträgen. Bei dem weitaus größten Teil der

---

[1] Einer solchen Schätzung stellen sich auch praktisch kaum zu überwindende methodische und statistische Hindernisse entgegen. Die Innenumsätze eines einzigen Landes werden nämlich im Rahmen dieses Modells aus sämtlichen Umsätzen der inländischen Sektoren gebildet. Die gesamten Innenumsätze des Auslands stellen die Summe aus den Innenumsätzen sämtlicher Länder dar. Für diese Größe hätte ein numerischer Ausdruck gefunden werden müssen. Ihre Größenordnung hätte überdies solche Ausmaße erreicht, daß zwischen den Ausgaben des Auslands an die einzelnen Sektoren in der Bundesrepublik und seinen gesamten Einnahmen keine sinnvollen Relationen mehr erwartet werden konnten.

[2] Eine vollständige Definition sämtlicher Modellvariablen wird im Anhang gegeben. Siehe S. 105 ff.

Ausgaben von Haushalten an Unternehmen $X_{31}(t)$ handelt es sich um private Verbrauchsausgaben. Die Ausgaben des Staates an die Haushalte $X_{12}(t)$ bilden im wesentlichen Einkommenszahlungen an die Beschäftigten des öffentlichen Dienstes sowie die Renten- und Pensions- oder sonstigen Unterstützungs- und Ausgleichszahlungen an Privatpersonen. Ebenso wie bei den Haushalten entfällt auch beim Staat ein erheblicher Teil der Innenumsätze $X_{22}(t)$ auf den Eigenverbrauch von Waren und Dienstleistungen, d. h. sowohl der Staat als auch die Haushalte entfalten in gewissem Umfang eine Produktionstätigkeit. Die Ausgaben des Staates an Unternehmen $X_{32}(t)$ werden einerseits bestimmt durch den Erwerb von Anlagegütern für die staatlichen Inve-

Einnahmen-Ausgaben-Matrix eines Vier-Sektoren-Modells für die Bundesrepublik Deutschland in der Periode t

Einnahmen \ Ausgaben	Haushalte	Staat	Unternehmen	Ausland	Insgesamt
Haushalte ..	$X_{11}(t)$	$X_{12}(t)$	$X_{13}(t)$	—	$Y_1(t)$
Staat	$X_{21}(t)$	$X_{22}(t)$	$X_{23}(t)$	—	$Y_2(t)$
Unternehmen	$X_{31}(t)$	$X_{32}(t)$	$X_{33}(t)$	$X_{34}(t)$	$Y_3(t)$
Ausland	—	$X_{42}(t)$	$X_{43}(t)$	—	$Y_4(t)$
Insgesamt ..	$X_1(t)$	$X_2(t)$	$X_3(t)$	$X_4(t)$	$X(t) = Y(t)$

stitionen, andererseits durch die Käufe von Vorprodukten und sonstigen Leistungen für die laufende Produktion (sogenannte Vorleistungen). Staatliche Ausgaben größeren Ausmaßes an das Ausland $X_{42}(t)$ sind vor allem eine Folge beträchtlicher Wiedergutmachungsleistungen, sie stellen daher im wesentlichen Übertragungen (unentgeltliche Leistungen) dar. Von den Ausgaben der Unternehmen an Haushalte $X_{13}(t)$ entfällt der überwiegende Teil auf Lohn- und Gehaltszahlungen an unselbständig Beschäftigte sowie auf den Erwerb von Einkommen aus Unternehmertätigkeit und Vermögen. Auch für die Ausgaben der Unternehmen an den Staat $X_{23}(t)$ spielen, ebenso wie für die Haushalte, Steuern eine erhebliche Rolle. Im Gegensatz zu den Haushalten handelt es sich hier jedoch nicht um direkte Steuern, sondern um indirekte Abgaben. Die Innenumsätze des Sektors der Unternehmen $X_{33}(t)$ bestehen aus den durch die Struktur des Produktionsprozesses bestimmten Umsätzen an Vorprodukten und Vorleistungen zwischen Unternehmen sowie den von den Unternehmen getätigten Bruttoinvestitionen in Anlagen und Vorräten. Bei den Ausgaben der Unternehmen an das Ausland $X_{43}(t)$ handelt es sich in der Hauptsache um die Waren-

und Dienstleistungseinfuhr. Die Ausgaben des Auslands an die Unternehmen $X_{34}(t)$ bilden dagegen die Waren- und Dienstleistungsausfuhr. Für sämtliche Ausgaben gilt, wie an anderer Stelle bereits erwähnt, daß sie für den empfangenden Sektor gleichzeitig Einnahmen darstellen. Die Gesamteinnahmen der Haushalte setzen sich beispielsweise zusammen aus den Ausgaben des Staates und der Unternehmen an die Haushalte sowie den Innenumsätzen der Haushalte.

Werden die einzelnen Positionen für einen bestimmten Zeitraum — etwa für das Jahr 1960 — mit ihren tatsächlichen, d. h. nicht preisbereinigten Werten dargestellt, so ergibt sich die folgende Matrix der Ausgabenströme:

Einnahmen-Ausgaben-Matrix eines Vier-Sektoren-Modells für die Bundesrepublik Deutschland im Jahre 1960
Mrd. DM

Einnahmen \ Ausgaben	Haushalte	Staat	Unternehmen	Ausland	Insgesamt
Haushalte ..	9,68	55,45	175,19	—	240,32
Staat	48,21	38,46	56,98	—	143,65
Unternehmen	166,52	36,51	503,80	68,27	775,10
Ausland	—	6,56	58,75	—	65,31
Insgesamt ..	224,41	136,98	794,72	68,27	1224,38

Die Matrix läßt erkennen, daß im Rahmen des auf diese Weise abgegrenzten Leistungskreislaufes die Umsätze innerhalb des Unternehmenssektors größenordnungsmäßig im Vordergrund stehen. Von erheblicher Bedeutung für die Aktivität der gesamten Wirtschaft sind aber auch die Beziehungen zwischen den Unternehmen und den Haushalten. Ein wesentlich geringerer Teil des Gesamtkreislaufes entfällt auf Transaktionen mit dem Staat und dem Ausland. Darüber hinaus ist aus der Tabelle ersichtlich, daß die Gesamtausgaben der Haushalte und des Staates geringer, die der Unternehmen und des Auslands größer als die entsprechenden Gesamteinnahmen sind. Bei dieser Tatsache handelt es sich nicht um eine zufällige Erscheinung für ein einzelnes Jahr, sondern um eine Situation, die für die Entwicklung in der Bundesrepublik typisch ist. Die durchschnittliche Gesamtausgabeneigung der Haushalte und des Staates ist also kleiner als eins, während die durchschnittliche Gesamtausgabeneigung der Unternehmen und des Auslands größer als eins ist.

Erster Abschnitt: Die Struktur des Modells

Insgesamt enthält die das Modell repräsentierende Kreislaufmatrix zwölf verschiedene Ausgabenströme eines Sektors an einen anderen Sektor oder an sich selbst. Werden für diese Ausgaben Funktionen gebildet, die dem im ersten Teil beschriebenen Typ einer Ausgabenfunktion mit der Multiplikatorhypothese entsprechen, so entsteht das folgende System von Strukturgleichungen. Dabei wurde in jede Verhaltensfunktion eine Zufallsvariable $u_{ij}(t)$ aufgenommen, die die im zweiten Teil dargestellten statistischen Eigenschaften aufweisen soll.

(III. 1.1) $\quad X_{11}(t) = b_{11} Y_1 (t-1) + d_{11} + u_{11}(t)$
(III. 1.2) $\quad X_{21}(t) = b_{21} Y_1 (t-1) + d_{21} + u_{21}(t)$
(III. 1.3) $\quad X_{31}(t) = b_{31} Y_1 (t-1) + d_{31} + u_{31}(t)$

(III. 1.4) $\quad X_{12}(t) = b_{12} Y_2 (t-1) + d_{12} + u_{12}(t)$
(III. 1.5) $\quad X_{22}(t) = b_{22} Y_2 (t-1) + d_{22} + u_{22}(t)$
(III. 1.6) $\quad X_{32}(t) = b_{32} Y_2 (t-1) + d_{32} + u_{32}(t)$
(III. 1.7) $\quad X_{42}(t) = b_{42} Y_2 (t-1) + d_{42} + u_{42}(t)$

(III. 1.8) $\quad X_{13}(t) = b_{13} Y_3 (t-1) + d_{13} + u_{13}(t)$
(III. 1.9) $\quad X_{23}(t) = b_{23} Y_3 (t-1) + d_{23} + u_{23}(t)$
(III. 1.10) $\quad X_{33}(t) = b_{33} Y_3 (t-1) + d_{33} + u_{33}(t)$
(III. 1.11) $\quad X_{43}(t) = b_{43} Y_3 (t-1) + d_{43} + u_{43}(t)$

(III. 1.12) $\quad X_{34}(t) = b_{34} Y_4 (t-1) + d_{34} + u_{34}(t)$

Da die Gesamteinnahmen jedes Sektors sich aus den Ausgaben der übrigen Sektoren an diesen Sektor und seinen Innenumsätzen zusammensetzen, ergeben sich vier weitere Gleichungen. Sie stellen Definitionsbeziehungen dar und lassen sich aus der Einnahmen-Ausgaben-Matrix leicht ablesen.

(III. 1.13) $\quad Y_1(t) = X_{11}(t) + X_{12}(t) + X_{13}(t)$
(III. 1.14) $\quad Y_2(t) = X_{21}(t) + X_{22}(t) + X_{23}(t)$
(III. 1.15) $\quad Y_3(t) = X_{31}(t) + X_{32}(t) + X_{33}(t) + X_{34}(t)$
(III. 1.16) $\quad Y_4(t) = X_{42}(t) + X_{43}(t)$

Das Modell enthält mithin sechzehn Gleichungen mit den zwölf unbekannten Variablen $X_{ij}(t)$ und den vier unbekannten Variablen $Y_i(t)$. Exogene Größen treten in dem Modell nicht auf. Die Ausgabeneigungen b_{ij} und die autonomen Ausgaben d_{ij} stellen die Parameter des Modells dar, d. h. sie werden für den Beobachtungszeitraum als konstant und von der Entwicklung der Einnahmen unabhängig betrachtet.

b) Ergebnisse der Parameterschätzungen

Die Schätzung der Parameter beruht auf statistischen Angaben für die Jahre 1950 bis 1960. Für jedes dieser Jahre konnte die im vorangegangenen Unterabschnitt dargestellte Einnahmen-Ausgaben-Matrix gebildet werden. Zwar liegen bereits Ergebnisse über weitere Jahre vor, doch ist inzwischen die regionale Abgrenzung insoweit geändert worden, als das Saarland und Berlin (West), die bis dahin zum Ausland gerechnet worden waren, ab 1960 in die Berechnungen für das Inland einbezogen wurden. Die damit verbundenen Strukturveränderungen ließen es ratsam erscheinen, zur Schätzung der einzelnen Ausgabenfunktionen lediglich die Angaben über den engeren Gebietsstand zu verwenden. Da in allen Funktionen eine zeitliche Verzögerung von einer Periode enthalten ist, standen für die Schätzung jeweils zehn Werte zur Verfügung, d. h. der Umfang der Stichprobe T ist gleich zehn.

Die mit Hilfe der im zweiten Teil geschilderten direkten Kleinst-Quadrat-Methode durchgeführten Parameterschätzungen ergaben für das zugrundegelegte Modell die folgende Struktur. Unter den Schätzwerten der Ausgabeneigungen ist jeweils in Klammern deren Standardabweichung angegeben. Außerdem werden für jede Gleichung der um die Freiheitsgrade berichtigte Bestimmtheitskoeffizient $\bar{R}^2$, der Variationskoeffizient V und das von Neumann-Verhältnis D dargestellt.

(III. 1. 1') $\quad X_{11}(t) = 0{,}0363\, Y_1(t-1) + 1{,}9322 + \hat{u}_{11}(t)$
$\qquad\qquad\qquad (0{,}0012)$

$$\bar{R}^2 = 0{,}989$$
$$V = 2{,}26$$
$$D = 0{,}625$$

(III. 1. 2') $\quad X_{21}(t) = 0{,}2165\, Y_1(t-1) - 1{,}6302 + \hat{u}_{21}(t)$
$\qquad\qquad\qquad (0{,}0097)$

$$\bar{R}^2 = 0{,}982$$
$$V = 4{,}22$$
$$D = 1{,}285$$

(III. 1. 3') $\quad X_{31}(t) = 0{,}6954\, Y_1(t-1) + 14{,}1883 + \hat{u}_{31}(t)$
$\qquad\qquad\qquad (0{,}0267)$

$$\bar{R}^2 = 0{,}987$$
$$V = 3{,}02$$
$$D = 1{,}492$$

(III. 1. 4') $\quad X_{12}(t) = 0{,}4557\, Y_2(t-1) - 1{,}4328 + \hat{u}_{12}(t)$
$\qquad\qquad\qquad (0{,}0225)$

$$\bar{R}^2 = 0{,}978$$
$$V = 4{,}49$$
$$D = 1{,}101$$

(III. 1. 5′) $X_{22}(t) = 0{,}2532\,Y_2(t-1) + 4{,}4501 + \hat{u}_{22}(t)$
              $(0{,}0175)$
$$\overline{R}^2 = 0{,}958$$
$$V = 5{,}04$$
$$D = 0{,}844$$

(III. 1. 6′) $X_{32}(t) = 0{,}2656\,Y_2(t-1) - 0{,}0643 + \hat{u}_{32}(t)$
              $(0{,}0273)$
$$\overline{R}^2 = 0{,}912$$
$$V = 9{,}03$$
$$D = 0{,}969$$

(III. 1. 7′) $X_{42}(t) = 0{,}0670\,Y_2(t-1) - 2{,}1401 + \hat{u}_{42}(t)$
              $(0{,}0047)$
$$\overline{R}^2 = 0{,}957$$
$$V = 9{,}76$$
$$D = 1{,}612$$

(III. 1. 8′) $X_{13}(t) = 0{,}2416\,Y_3(t-1) + 2{,}5871 + \hat{u}_{13}(t)$
              $(0{,}0114)$
$$\overline{R}^2 = 0{,}980$$
$$V = 3{,}92$$
$$D = 1{,}625$$

(III. 1. 9′) $X_{23}(t) = 0{,}0772\,Y_3(t-1) + 1{,}8981 + \hat{u}_{23}(t)$
              $(0{,}0031)$
$$\overline{R}^2 = 0{,}986$$
$$V = 3{,}21$$
$$D = 1{,}575$$

(III. 1.10′) $X_{33}(t) = 0{,}6335\,Y_3(t-1) + 45{,}6518 + \hat{u}_{33}(t)$
              $(0{,}0414)$
$$\overline{R}^2 = 0{,}963$$
$$V = 4{,}84$$
$$D = 1{,}597$$

(III. 1.11′) $X_{43}(t) = 0{,}1026\,Y_3(t-1) - 15{,}5942 + \hat{u}_{43}(t)$
              $(0{,}0071)$
$$\overline{R}^2 = 0{,}958$$
$$V = 8{,}62$$
$$D = 1{,}760$$

(III. 1.12′) $X_{34}(t) = 1{,}1727\,Y_4(t-1) + 2{,}7420 + \hat{u}_{34}(t)$
              $(0{,}0489)$
$$\overline{R}^2 = 0{,}985$$
$$V = 5{,}16$$
$$D = 2{,}732$$

Theoretisch wäre zu erwarten gewesen, daß die absoluten Glieder sämtlicher Funktionen positiv sind, da es plausibel erscheint, daß in jedem Fall ein bestimmter Teil der Ausgaben unabhängig von der Einnahmenentwicklung, d. h. autonom geleistet wird. Für fünf der zwölf Funktionen sind die geschätzten Werte der Parameter d_{ij} jedoch negativ. Dabei handelt es sich um die Funktionen für die Ausgaben der Haushalte an den Staat (III. 1.2'), für die Ausgaben des Staates an die Haushalte (III. 1.4'), die Unternehmen (III. 1.6') und an das Ausland (III. 1.7') sowie für die Ausgaben der Unternehmen an das Ausland (III. 1.11'). Drei dieser fünf Funktionen sind mithin Ausgabenfunktionen des Staates. Das Auftreten negativer absoluter Glieder in den Ausgabenfunktionen kann darauf zurückgeführt werden, daß für diese Funktionen Linearität in den Parametern vorausgesetzt wurde, das tatsächliche Ausgabeverhalten aber nicht-linear ist. Geht man davon aus, daß die autonomen Ausgaben in diesen Fällen positiv sein müßten, so wären die konstanten marginalen Ausgabeneigungen durch abnehmende Grenzausgabeneigungen zu ersetzen. Da bei praktischen ökonometrischen Untersuchungen in der Regel lineare Funktionen zugrundegelegt werden, handelt es sich bei negativen absoluten Gliedern um eine Erscheinung, die bei solchen Untersuchungen häufiger anzutreffen ist.

Die geschätzten marginalen Ausgabeneigungen $\hat{b}_{ij}$ weisen im allgemeinen Werte zwischen Null und eins auf. In einem Fall geht die marginale Ausgabeneigung jedoch über den Wert eins hinaus, und zwar für die Ausgaben des Auslands an die Unternehmen. Da diese Ausgaben die gesamten in dem Modell erfaßten Ausgaben des Auslands darstellen, ist auch die marginale Gesamtausgabeneigung dieses Sektors größer als eins. Dabei muß allerdings berücksichtigt werden, daß als Einnahmen hier lediglich jene Einnahmen erfaßt wurden, die dem Ausland aus der Bundesrepublik zufließen. Die marginale Ausgabeneigung des Auslands in Höhe von 1,17 zeigt an, daß nicht nur die in der Vorperiode vom Inland empfangenen Einnahmen voll in die Bundesrepublik zurückfließen, sondern darüber hinaus noch weitere Ausgaben — auch die autonomen Ausgaben sind positiv — an das Inland geleistet werden. Die Ursache hierfür liegt in der starken Stellung, die die deutsche Exportwirtschaft in den 50iger Jahren auf den Weltmärkten inne hatte. Dabei spielten u. a. die Struktur des Warenangebotes (vorwiegend Investitionsgüter), die kurzen Lieferfristen und die günstige Preisgestaltung infolge rascher Produktivitätsfortschritte eine wichtige Rolle.

Das Ausgabeverhalten der Haushalte ist vor allem durch eine hohe marginale Ausgabeneigung an die Unternehmen gekennzeichnet. Der Satz von 0,70 entspricht in etwa der in anderen Untersuchungen ermittelten Größe der marginalen Konsumneigung[3]. Erheblich geringer ist mit 0,22 die marginale Ausgabeneigung der Haushalte an den Staat, die im wesentlichen als marginaler direkter Steuersatz interpretiert werden kann und in dieser Höhe auch durchaus plausibel erscheint. Die geringe Bedeutung, die die Innenumsätze im Rahmen der gesamten erfaßten Ausgaben der Haushalte haben, kommt in der niedrigen marginalen Ausgabeneigung von 0,04 zum Ausdruck. Unter den verschiedenen marginalen Ausgabeneigungen des Staates sind die Gewichte dagegen bedeutend gleichmäßiger verteilt. Die marginale Ausgabeneigung des Staates an die Haushalte ist mit 0,46 nicht einmal doppelt so hoch wie seine Ausgabeneigungen an die Unternehmen mit 0,27 und an sich selbst mit 0,25. Verhältnismäßig gering ist allerdings mit 0,07 die marginale Ausgabeneigung des Staates an das Ausland. Im Ausgabeverhalten der Unternehmen stehen — durch die technischen Erfordernisse und die Struktur des Produktionsprozesses bedingt — die Ausgaben an Unternehmen eindeutig im Vordergrund. Die entsprechende marginale Ausgabeneigung beträgt 0,63. Für die Ausgaben der Unternehmen an die Haushalte wurde eine marginale Ausgabeneigung von 0,24 ermittelt. Weniger stark ausgeprägt ist die Verflechtung der Unternehmen mit dem Ausland und dem Staat, was seinen Niederschlag in den niedrigen marginalen Ausgabeneigungen von 0,10 und 0,08 findet.

Im allgemeinen ist die Anpassung der mit Hilfe der geschätzten Ausgabenfunktionen berechneten Ausgaben an die zeitliche Kurve der tatsächlichen Ausgaben als gut zu bezeichnen. Eine ausgezeichnete Anpassung konnte von vornherein nicht erwartet werden, wenn berücksichtigt wird, daß für alle zwölf Funktionen nur eine einzige und jeweils die gleiche Hypothese verwendet wird. Die erzielten Ergebnisse wurden allerdings auch dadurch günstig beeinflußt, daß sich die Entwicklung der Ausgaben in der Bundesrepublik in dem betrachteten Zeitraum nahezu in einer ständigen Aufwärtsbewegung vollzog. Größere Abweichungen der berechneten von den tatsächlichen Ausgaben sind lediglich bei den Innenumsätzen der Unternehmen sowie bei den Ausgaben der Unternehmen an das Ausland zu beobachten. Hier scheint neben den Einnahmen der Vorperiode auch anderen Bestimmungsfaktoren ein stärkerer Einfluß zuzukommen. Für die Entwicklung dieser Ausgaben dürften insbesondere Akzelerationswirkungen[4] eine gewisse Rolle spielen.

---

[3] So berechnete H. von Schweinitz bei Regressionen zwischen Konsum und Bruttosozialprodukt eine marginale Konsumneigung von 0,67. Vgl. *Ismar,* H., *Lange,* G., *Schweinitz,* H. von: a. a. O., Funktionen 1 und 1* in Tabelle 10, S. 319.
[4] Die Akzelerationshypothese wurde nicht in das Modell aufgenommen, da sie sich nicht für eine ausreichende Anzahl von Funktionen als gesichert nachweisen ließ.

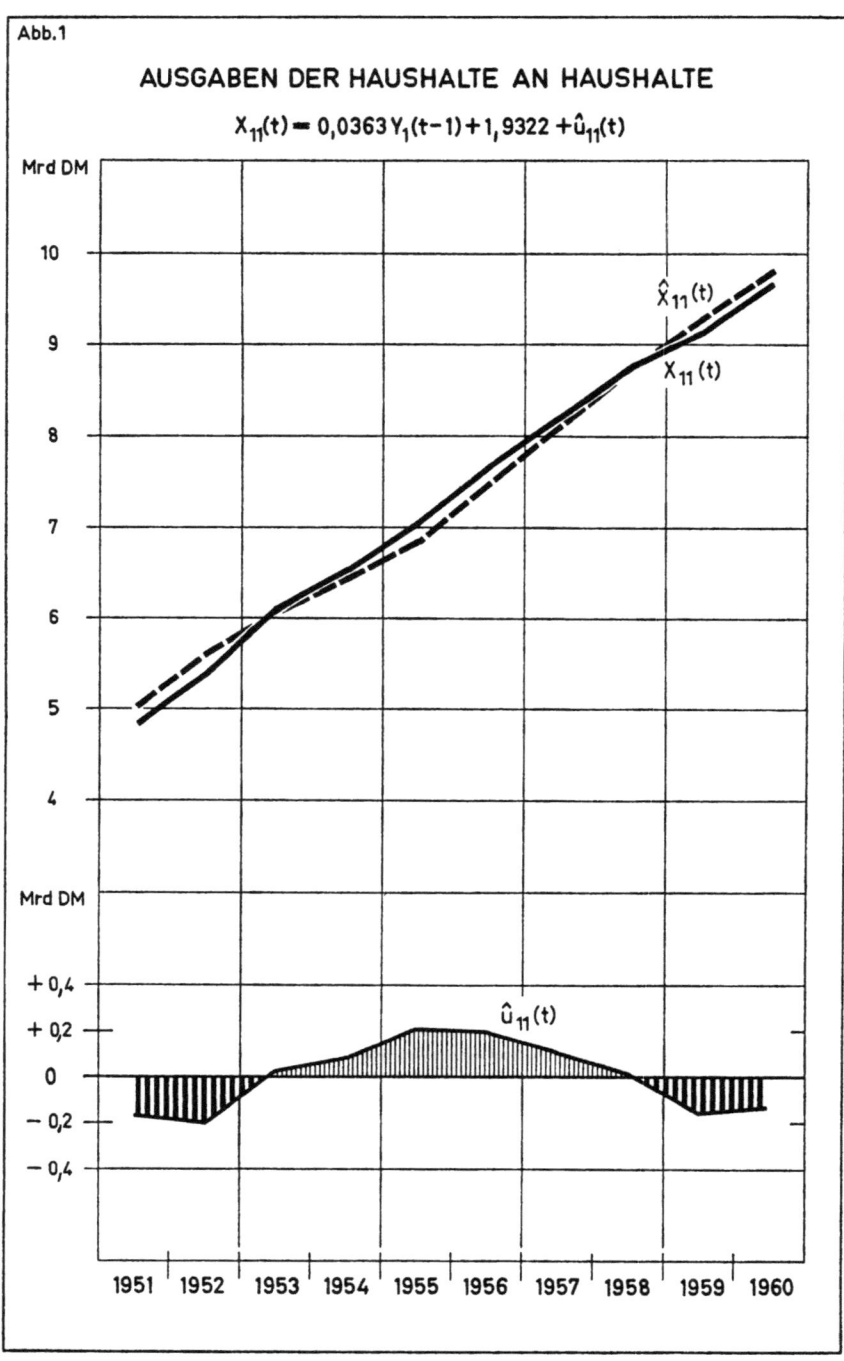

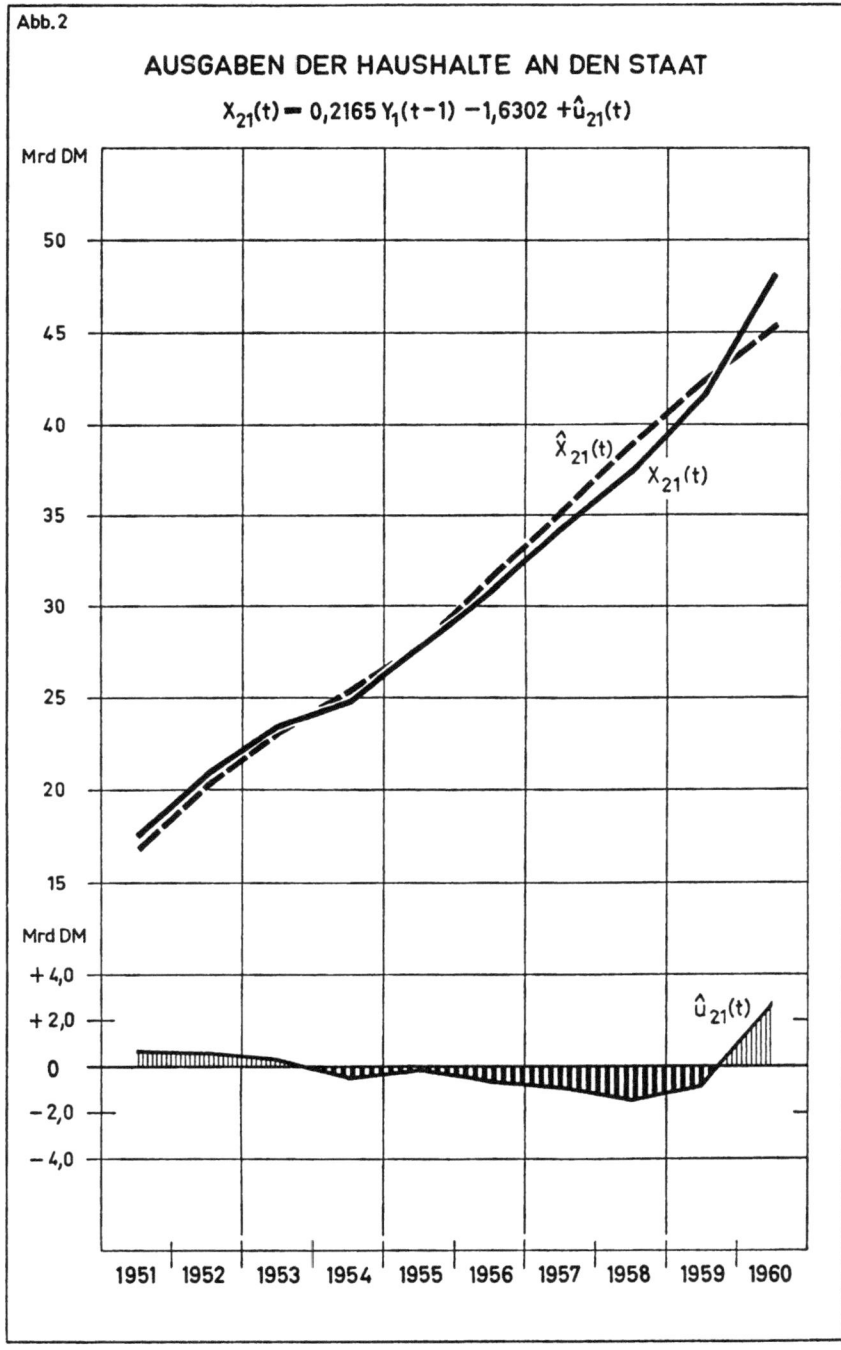

Abb. 2 AUSGABEN DER HAUSHALTE AN DEN STAAT
$X_{21}(t) = 0{,}2165\, Y_1(t-1) - 1{,}6302 + \hat{u}_{21}(t)$

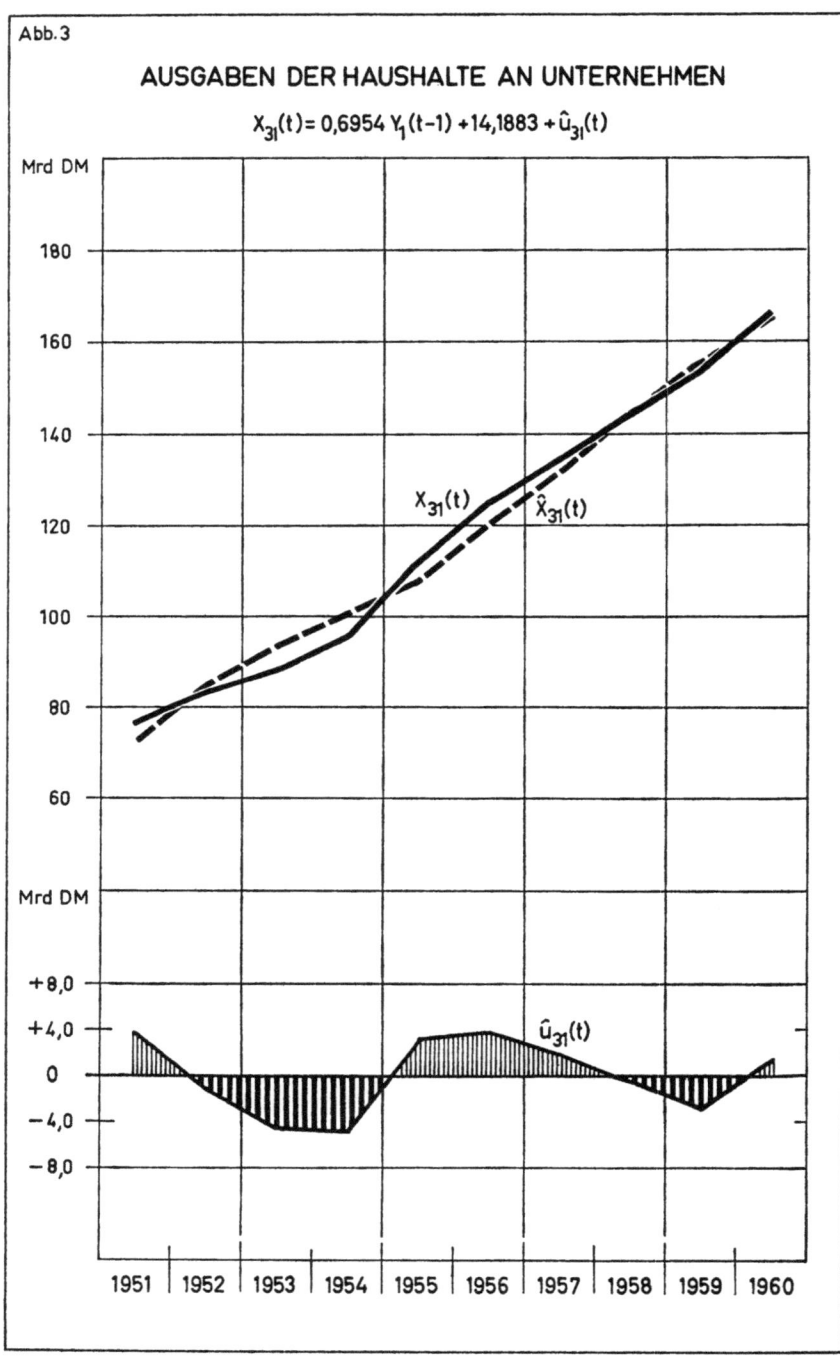

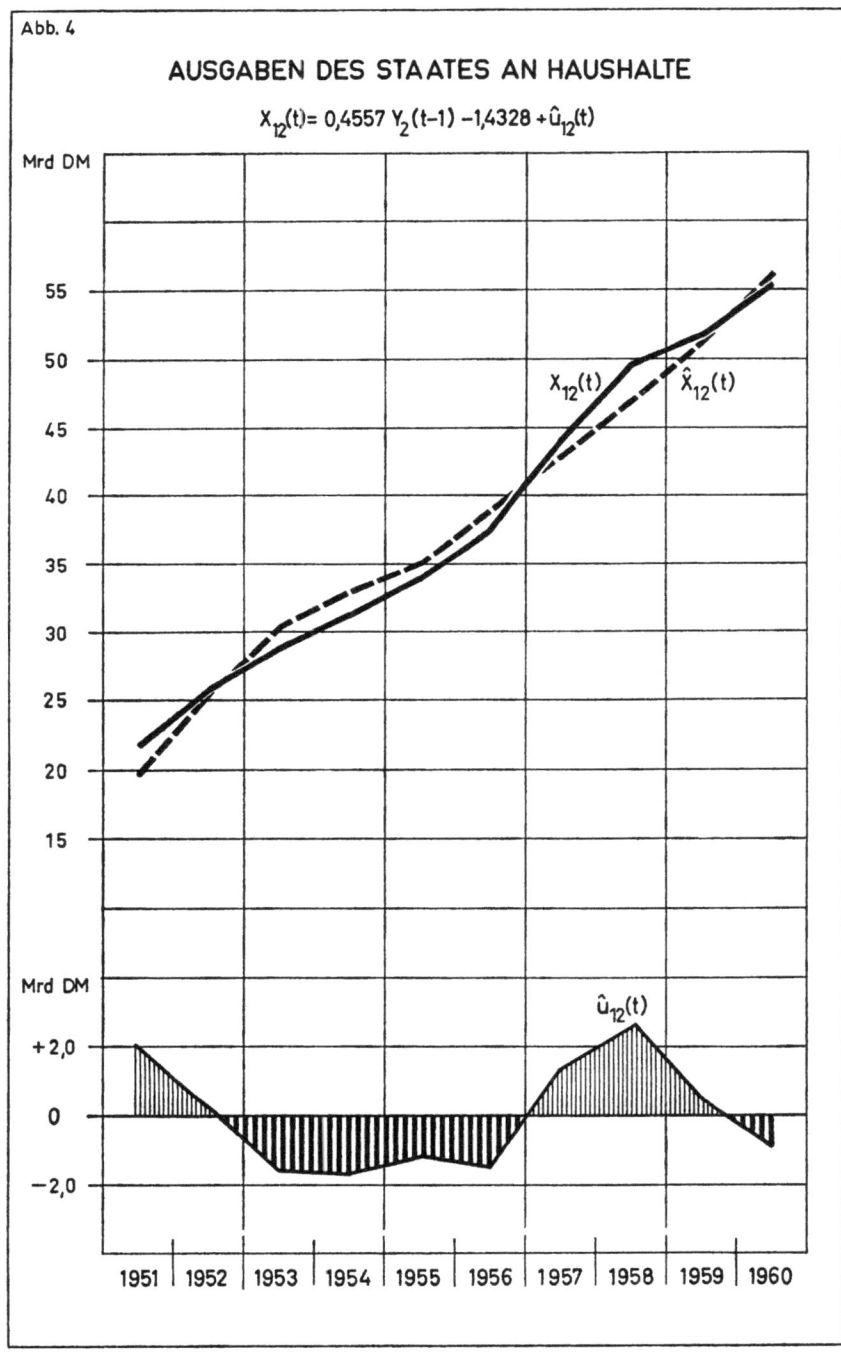

Abb. 4 AUSGABEN DES STAATES AN HAUSHALTE
$X_{12}(t) = 0{,}4557\, Y_2(t-1) - 1{,}4328 + \hat{u}_{12}(t)$

70 Teil III: Ein Modell für die Bundesrepublik Deutschland

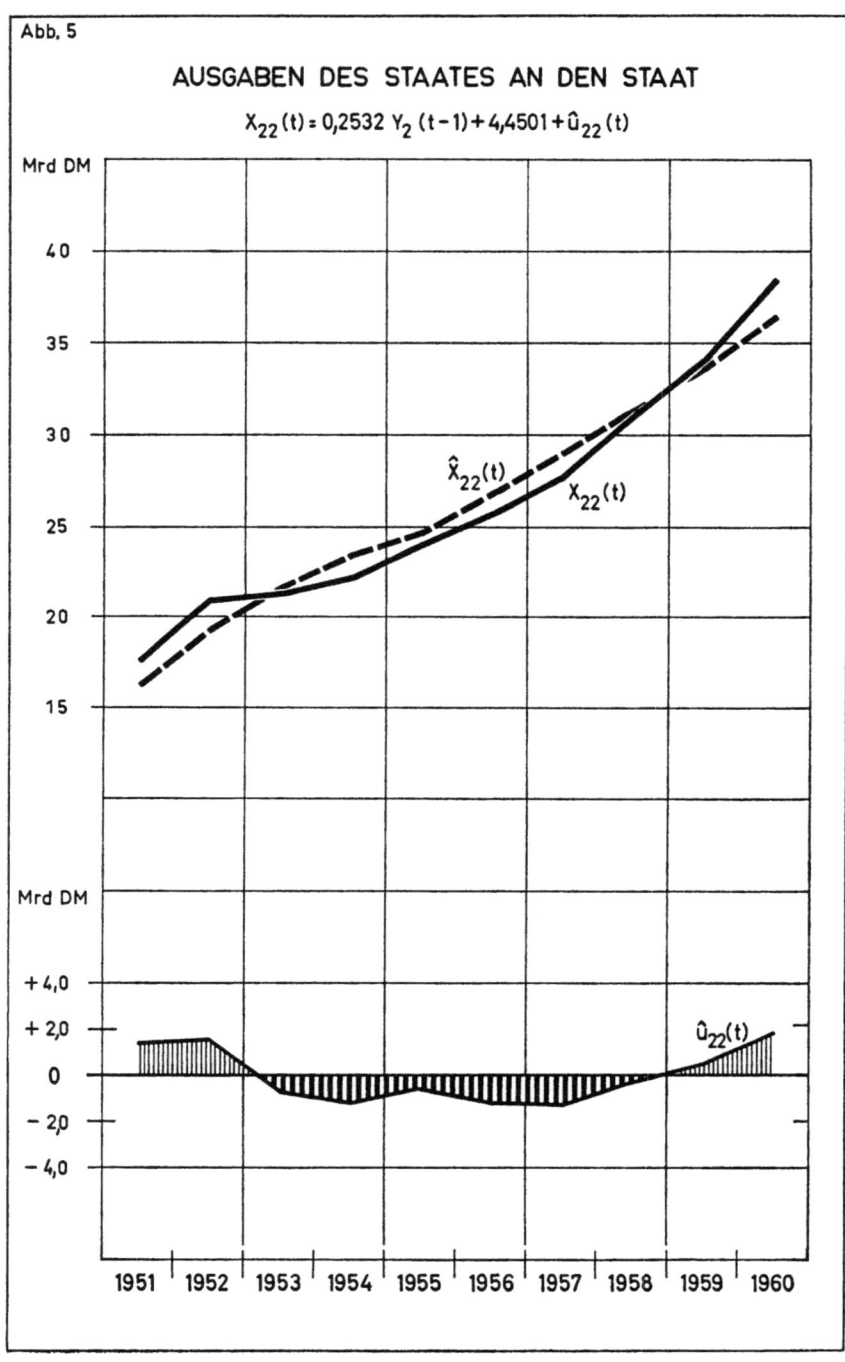

Abb. 5 AUSGABEN DES STAATES AN DEN STAAT
$X_{22}(t) = 0{,}2532\, Y_2(t-1) + 4{,}4501 + \hat{u}_{22}(t)$

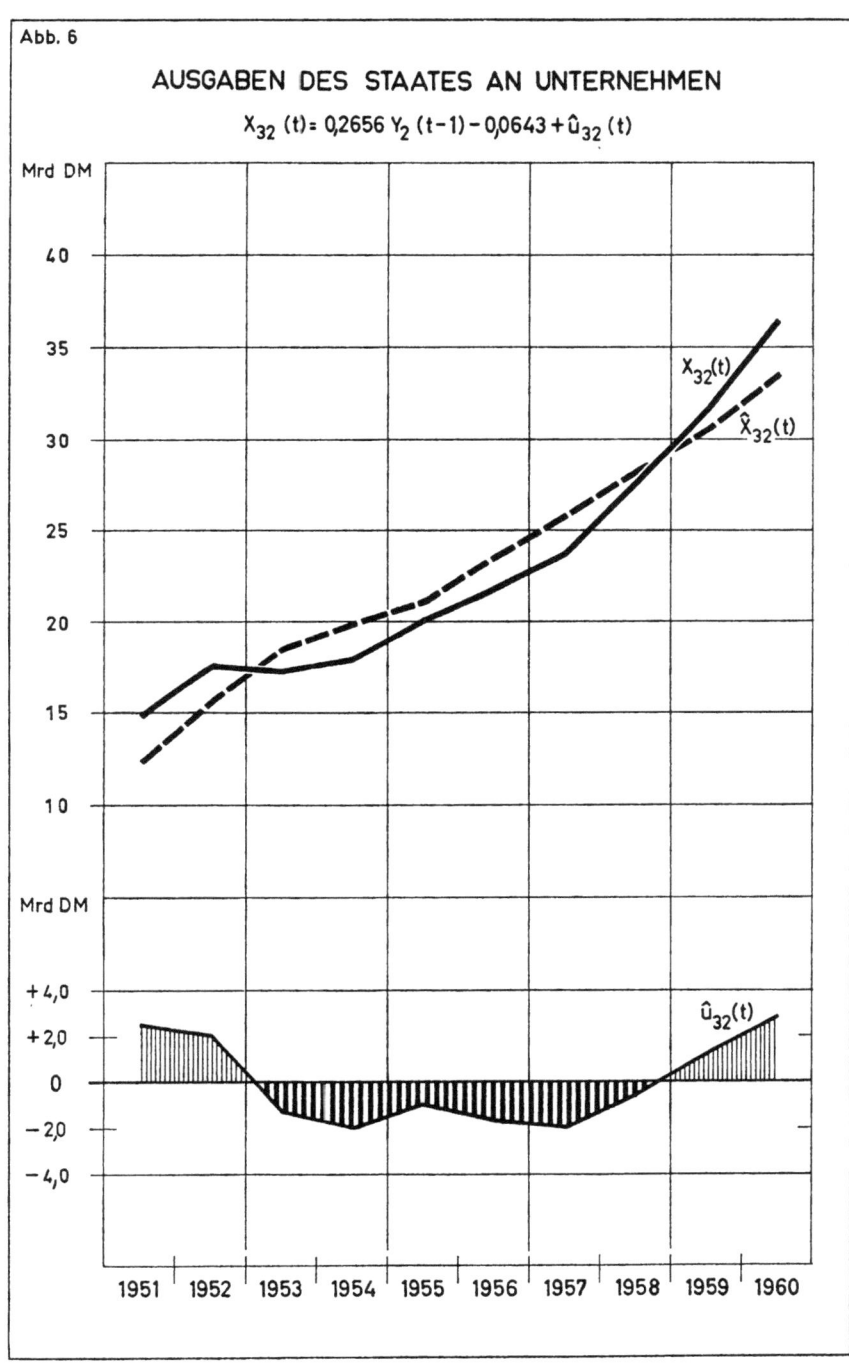

72 Teil III: Ein Modell für die Bundesrepublik Deutschland

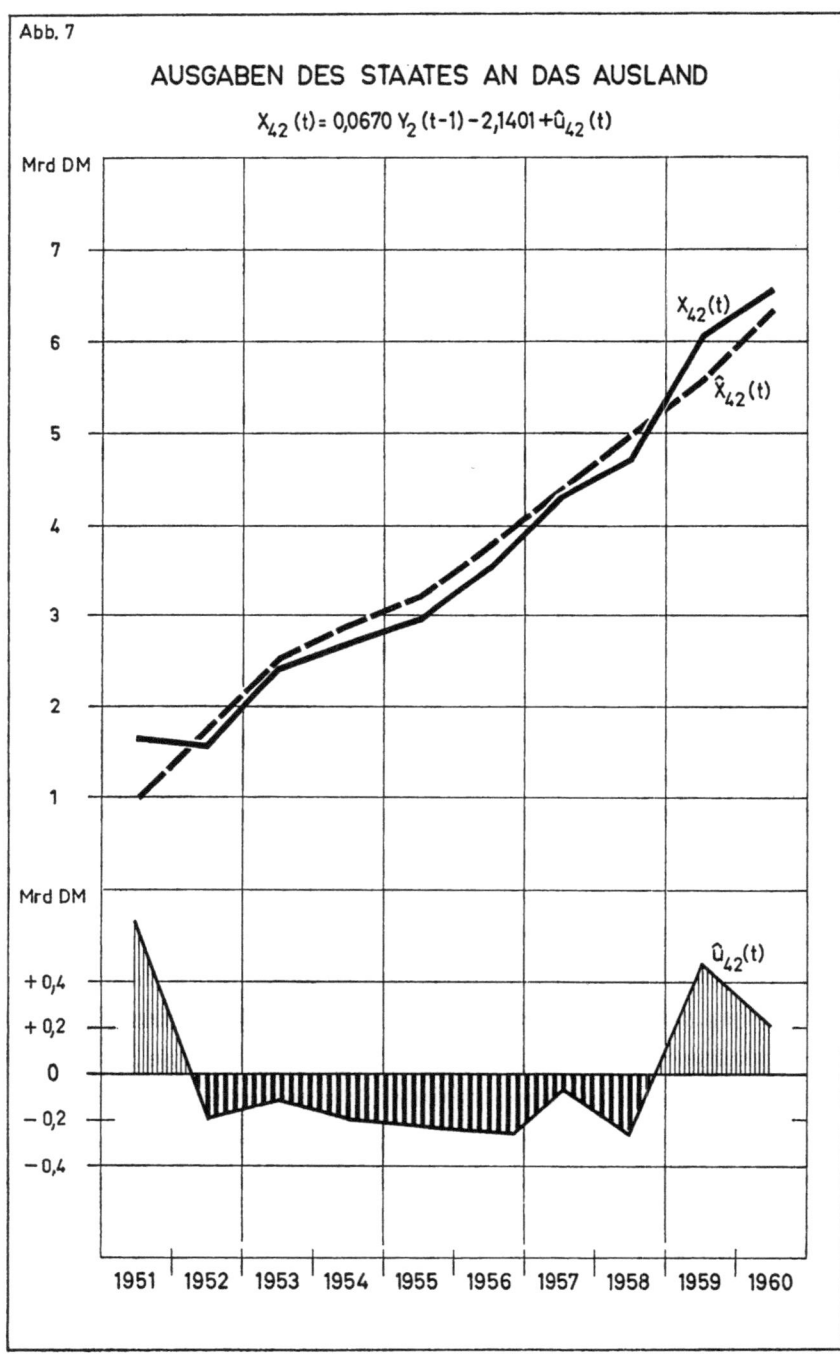

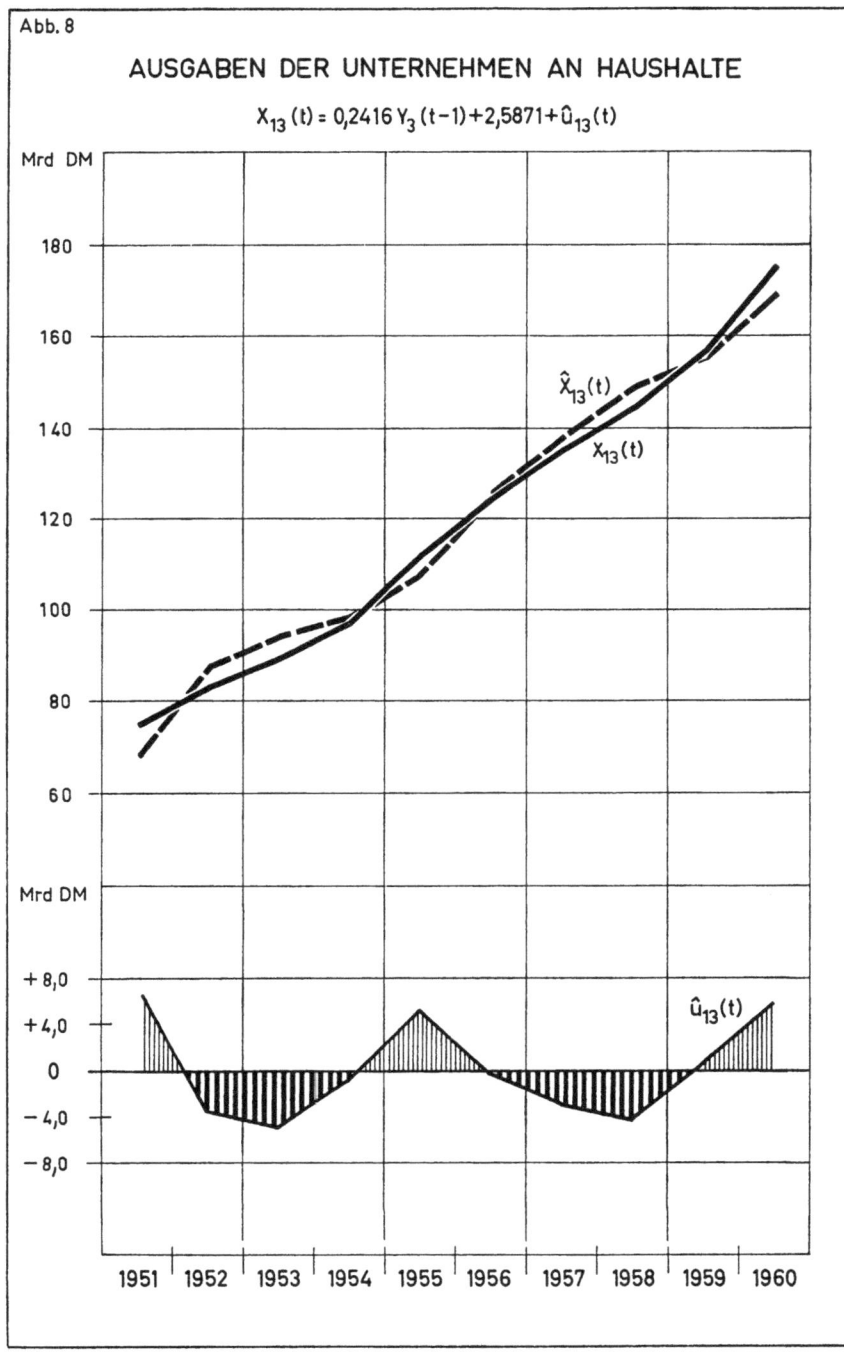

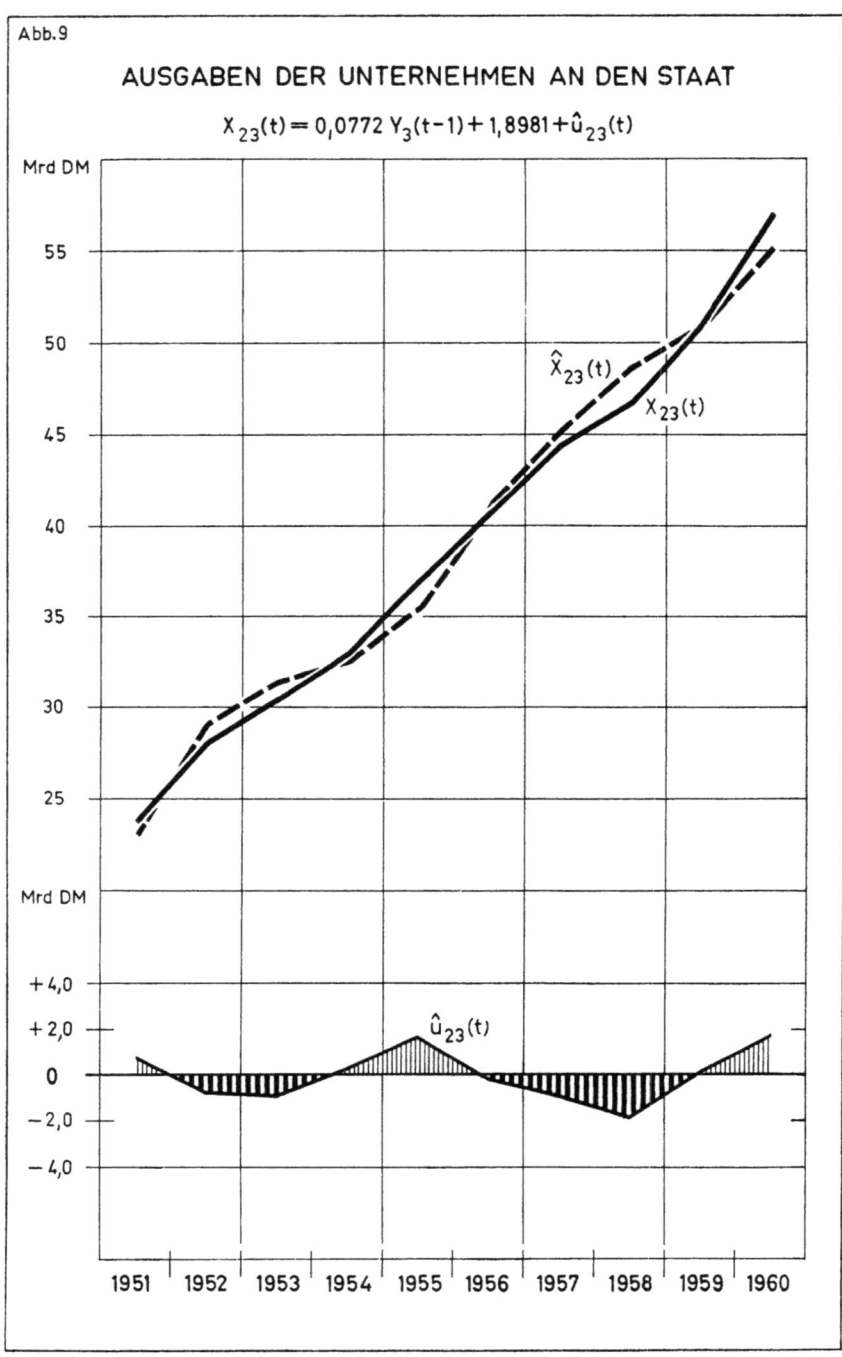

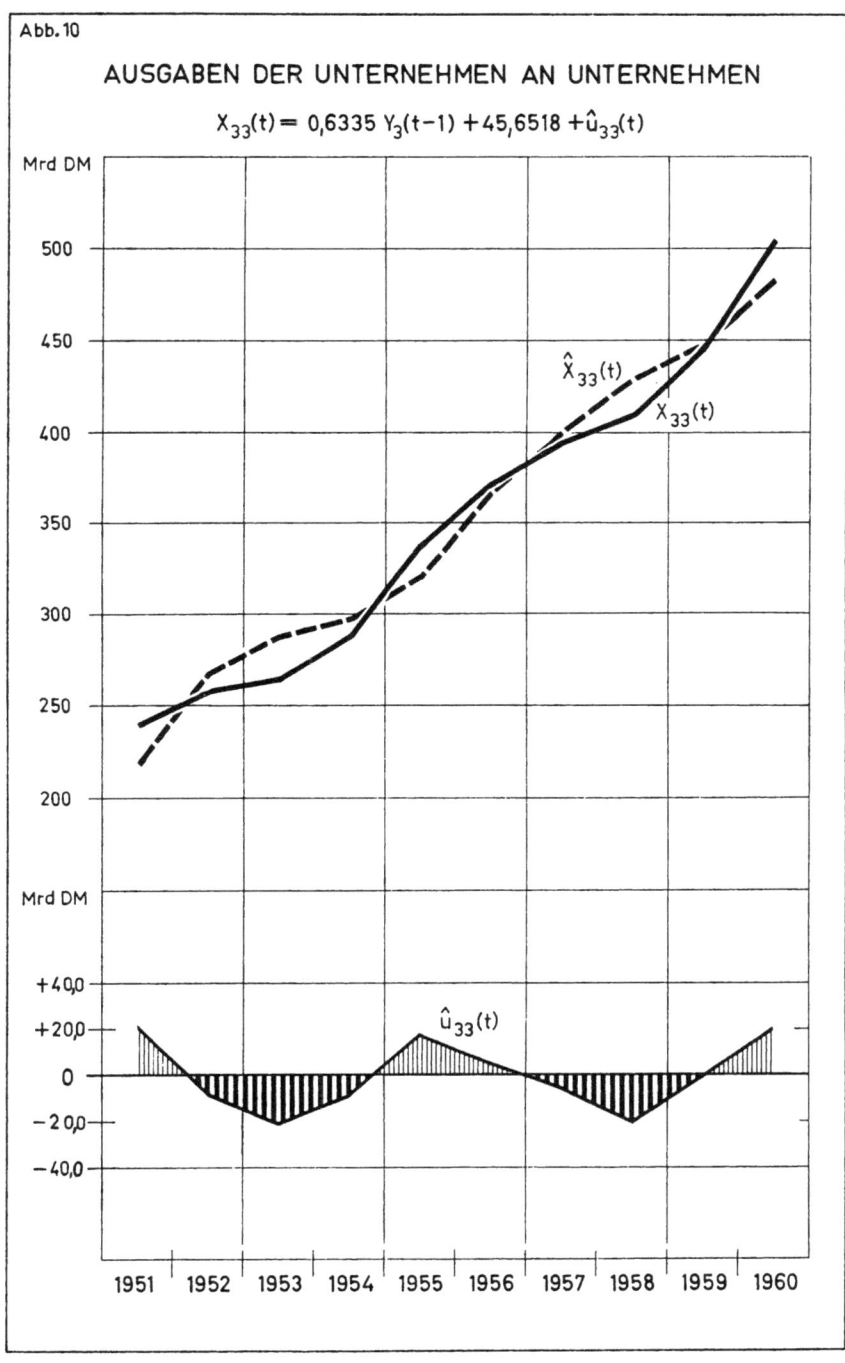

Abb. 10

AUSGABEN DER UNTERNEHMEN AN UNTERNEHMEN

$$X_{33}(t) = 0{,}6335\, Y_3(t-1) + 45{,}6518 + \hat{u}_{33}(t)$$

76 Teil III: Ein Modell für die Bundesrepublik Deutschland

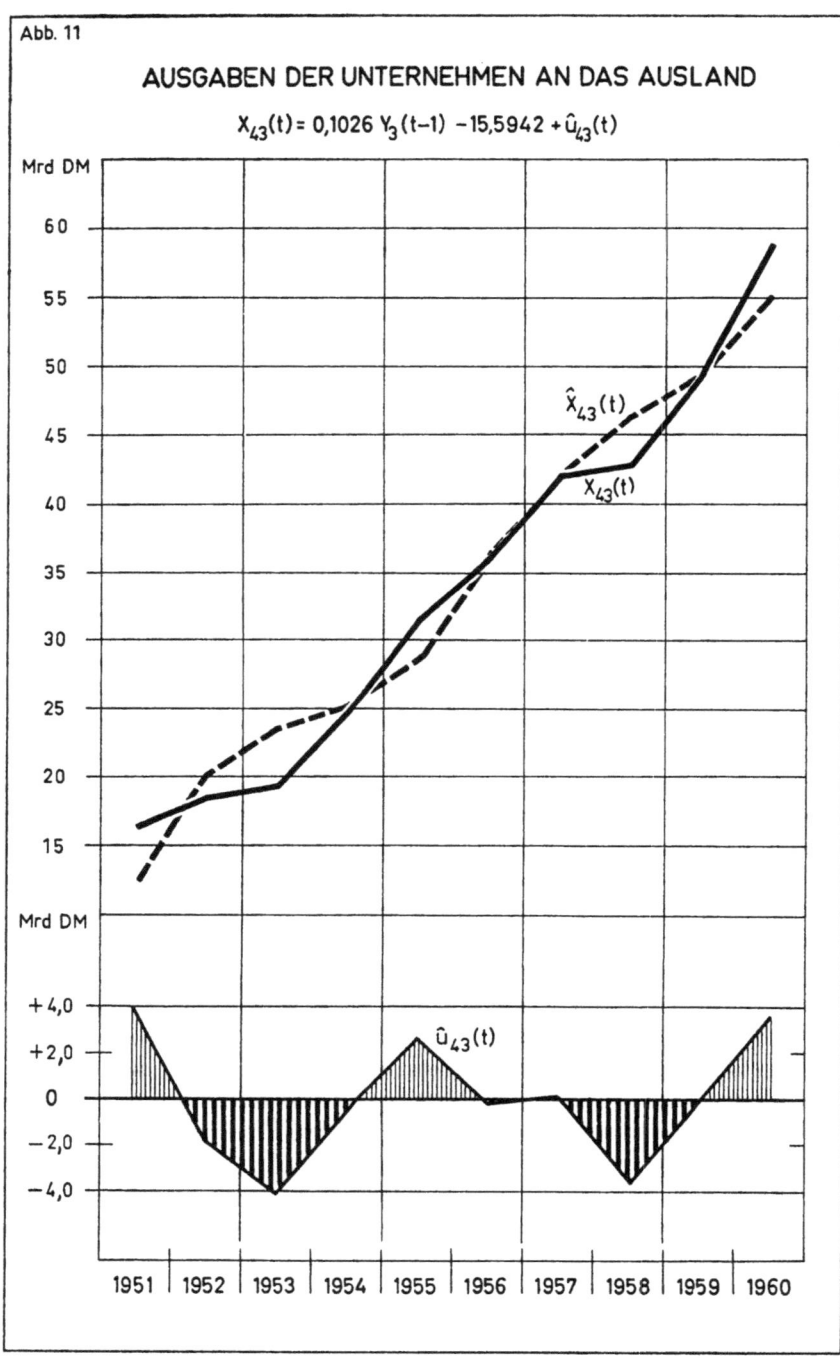

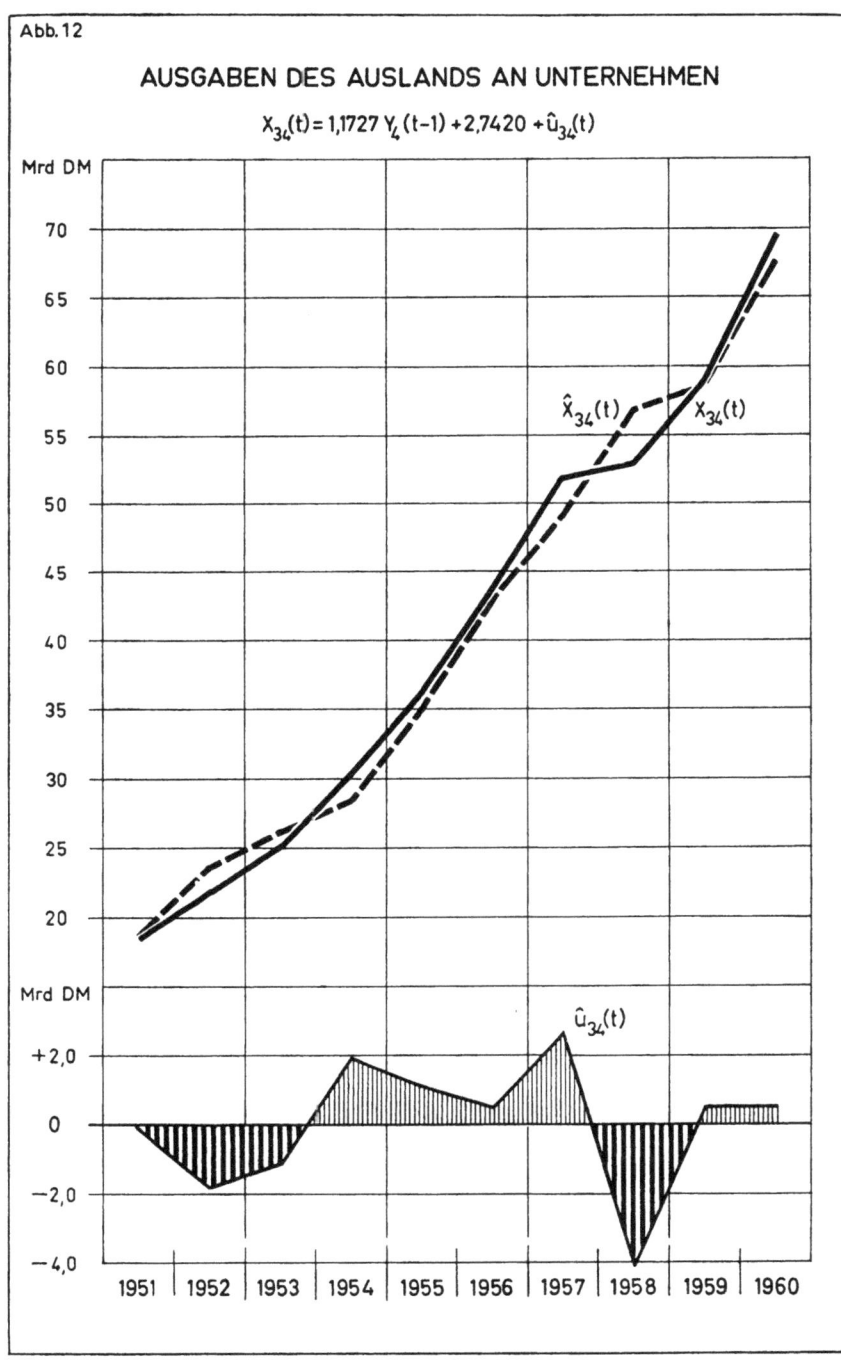

c) Statistische Prüfung der geschätzten Strukturparameter

Eine Betrachtung der um ihre Freiheitsgrade berichtigten Bestimmtheitskoeffizienten $\overline{R}^2$ führt zu dem Ergebnis, daß die geschätzten Funktionen die Streuung der abhängigen Variablen in der Regel zu 95 vH erklären. Das entspricht einem berichtigten Korrelationskoeffizienten von knapp 0,975. Wird auf die Berichtigung um die Freiheitsgrade verzichtet, was allerdings bei dem geringen Umfang der Stichprobe nicht zulässig erscheint, so verbessern sich die Ergebnisse noch geringfügig. Man erhält dann Bestimmtheitskoeffizienten von mindestens 0,956 und Korrelationskoeffizienten von 0,977. Für sechs der zwölf geschätzten Funktionen beträgt der berichtigte Bestimmtheitskoeffizient sogar 0,98 oder darüber. Wenn auch keine vollständige oder doch nahezu vollständige Erklärung der Ausgabenentwicklung durch eine einzige Variable zu erwarten war, so sind die erzielten Ergebnisse doch durchaus befriedigend. Der Erklärungsgrad der Funktionen kann mithin im allgemeinen als gut bezeichnet werden. Eine Ausnahme macht lediglich die Funktion (III. 1.6'), die die Ausgaben des Staates an die Unternehmen darstellt. Hier beträgt der berichtigte Bestimmtheitskoeffizient nur etwas über 0,91, d. h. knapp 10 vH der Streuung von $X_{32}(t)$ können durch die Funktion nicht erklärt werden.

Ein wesentlich ungünstigeres Bild von der Qualität des Modells geben die Werte der Variationskoeffizienten. Für neun Funktionen liegen die Variationskoeffizienten aber immerhin noch zwischen 2,25 vH und 5,25 vH. Das kann bei nicht allzu strengen Maßstäben als mittlere Güte angesprochen werden. Bei drei Funktionen erreichen die Variationskoeffizienten dagegen Werte zwischen 8 vH und 10 vH. Wiederum ist die Ausgabenfunktion des Staates an die Unternehmen darunter. Daneben handelt es sich um die Funktionen für die Ausgaben des Staates an das Ausland (III. 1.7') sowie für die Ausgaben der Unternehmen an das Ausland (III. 1.11'). Von allen Variationskoeffizienten ist keiner als gut zu bezeichnen. Bei Anwendungen des Modells ist also stets zu berücksichtigen, daß die Erklärungsfehler bei einzelnen Funktionen beträchtlich sind. Der durchschnittliche Variationskoeffizient oder der mittlere „Fehler" des gesamten Modells beträgt 5,3 vH, ein Wert, der wesentlich über dem liegt, was für ein gutes ökonometrisches Modell gefordert werden muß. Werden die durchschnittlichen Variationskoeffizienten für die einzelnen Sektoren berechnet, so zeigt sich, daß die Ausgabenfunktionen des Staates mit mehr als 7 vH den größten Erklärungsfehler aufweisen. Der durchschnittliche Fehler der Ausgabenfunktionen der Unternehmen entspricht mit reichlich 5 vH etwa dem des gesamten Modells. Lediglich der durchschnittliche Variationskoeffizient für die Ausgabenfunktionen der Haushalte liegt mit einem Wert von etwas über 3 vH auf einer mittleren Linie.

Zur Beurteilung der Schätzwerte für die Ausgabeneigungen wurden Konfidenzbereiche auf der Grundlage einer 5%igen Irrtumswahrscheinlichkeit berechnet. Ein Vergleich der verschiedenen Vertrauensintervalle wurde dadurch ermöglicht, daß jeweils die Hälfte des Intervalls, d. h. der Abstand zwischen dem Schätzwert des Parameters und der oberen oder der unteren Grenze des zugehörigen Konfidenzbereiches, in Prozent des Parameterwertes ausgedrückt wurde. Die Signifikanz der Parameter wurde mit Hilfe der Testgröße $t_{\hat{b}_{ij}}$ geprüft. Alle Ergebnisse sind in der untenstehenden Tabelle zusammengefaßt worden.

Bei einem Freiheitsgrad von $T - 2 = 8$ und einer Irrtumswahrscheinlichkeit von 0,01 sind die geschätzten Parameter signifikant, wenn die Testgröße den Wert 3,355 übersteigt (für eine Irrtumswahrscheinlichkeit von 0,001 ist ein Wert von mindestens 5,041 erforderlich). Es zeigt sich, daß sämtliche Schätzwerte der Ausgabeneigungen mit weniger als 0,1 vH Irrtumswahrscheinlichkeit signifikant sind. Das bedeutet, daß auch die Korrelationskoeffizienten ausnahmslos gesichert sind. Mit einem hohen Maß von Sicherheit kann also davon ausgegangen werden, daß die Ausgabeneigungen in keinem Fall den Wert Null annehmen, oder — was dasselbe besagt — in jedem Fall ein linearer Zusammenhang zwischen den Ausgaben und Einnahmen der Vorperiode

Konfidenzbereiche und Testwerte für die geschätzten Ausgabeneigungen

Gleichung	Parameter b_{ij}	Schätzwert $\hat{b}_{ij}$	Konfidenzbereich[a] $\hat{b}_{ij} - t\,\bar{S}_{\hat{b}_{ij}}$ bis $\hat{b}_{ij} + t\,\bar{S}_{\hat{b}_{ij}}$	Abweichung[a] $\pm \dfrac{t\,\bar{S}_{\hat{b}_{ij}}}{\hat{b}_{ij}}$	Testwert $t_{\hat{b}_{ij}} = t_R$
(III. 1.1')	b_{11}	0,0363	0,0334 − 0,0392	7,92	29,129
(III. 1.2')	b_{21}	0,2165	0,1941 − 0,2389	10,35	22,291
(III. 1.3')	b_{31}	0,6954	0,6338 − 0,7570	8,87	26,011
(III. 1.4')	b_{12}	0,4557	0,4037 − 0,5077	11,41	20,218
(III. 1.5')	b_{22}	0,2532	0,2128 − 0,2936	15,96	14,447
(III. 1.6')	b_{32}	0,2656	0,2025 − 0,3287	23,74	9,714
(III. 1.7')	b_{42}	0,0670	0,0561 − 0,0779	16,24	14,201
(III. 1.8')	b_{13}	0,2416	0,2153 − 0,2679	10,88	21,203
(III. 1.9')	b_{23}	0,0772	0,0701 − 0,0843	9,14	25,218
(III. 1.10')	b_{33}	0,6335	0,5379 − 0,7291	15,09	15,286
(III. 1.11')	b_{43}	0,1026	0,0861 − 0,1191	16,04	14,375
(III. 1.12')	b_{34}	1,1727	1,0600 − 1,2854	9,61	23,990

[a] Bei einem Freiheitsgrad von T-2 = 8 und einer Irrtumswahrscheinlichkeit von 0,05 hat t den Wert 2,306.

besteht. Der Umfang der berechneten Konfidenzintervalle streut zwischen ± 8 vH und ± 24 vH des zugehörigen Parameterwertes. Nur in 5 vH aller möglichen Fälle wird man also für die Ausgabeneigungen Werte erhalten, die außerhalb dieser Grenzen liegen. Bei vier Ausgabeneigungen ist die Ausdehnung des Vertrauensbereiches enger als ± 10 vH, was als gut bezeichnet werden kann. Keiner der Vertrauensbereiche geht über 50 vH des Parameterwertes (Abweichung ± 25 vH) hinaus, was mindestens für eine mittlere Qualität gefordert werden muß. Die verhältnismäßig engen Konfidenzintervalle lasssen vermuten, daß die geschätzten Ausgabeneigungen in dem betrachteten Zeitraum nahezu konstant waren. Dadurch erfährt die Annahme eines gleichbleibenden Ausgabeverhaltens eine gewisse Bestätigung.

Die über die Variationskoeffizienten, die Konfidenzintervalle und die Signifikanz der Ausgabeneigungen erzielten Ergebnisse sind allerdings nur dann verzerrungsfrei, wenn die Restwerte nicht miteinander korreliert sind. Bei einer Irrtumswahrscheinlichkeit von 0,1 muß die Hypothese, die Restwerte zweier aufeinander folgender Perioden seien positiv oder negativ miteinander korreliert, bei dem Umfang der vorliegenden Stichprobe zurückgewiesen werden, wenn das von Neumann-Verhältnis zwischen 1,180 und 3,264 liegt. Das ist für vier Funktionen nicht der Fall. Für diese Funktionen besteht somit eine 90%ige Wahrscheinlichkeit dafür, daß die Residuen autokorreliert sind. Dabei handelt es sich um die Ausgabenfunktionen der Haushalte an Haushalte (III. 1.1'), des Staates an Haushalte (III. 1.4'), des Staates an den Staat (III. 1.5') und des Staates an Unternehmen (III. 1.6'). Auch hier zeigt sich, daß die statistischen Eigenschaften der Ausgabenfunktionen des Staates ungenügend sind. Bei allen vier Gleichungen ist das D-Verhältnis geringer als 1,180, so daß auf eine signifikante positive Autokorrelation der Restwerte geschlossen werden kann. Keiner der Werte für das von Neumann-Verhältnis liegt nahe bei dem Erwartungswert 2,222. Die Gefahr von Autokorrelation ist mithin bei allen Funktionen mehr oder minder vorhanden.

Um zu einem zusammenfassenden Urteil über die statistische Qualität des Modells zu kommen, wurden die Werte der verschiedenen Prüfkriterien hinsichtlich ihrer Güte in drei Gruppen, „gut", „mittel" und „schlecht", eingeteilt. Welche Zuordnung dabei im einzelnen vorgenommen wird, steht bis zu einem gewissen Grade im Belieben des jeweiligen Betrachters. Darüber hinaus entsteht das überaus schwierige Problem, ob allen Kriterien in einer Gesamtbeurteilung das gleiche Gewicht zukommen soll[5]. Eine methodische Diskussion dieser Fragen, die allerdings nur unter Berücksichtigung der beabsichtigten Verwendung des Modells sinnvoll erscheint, steht bisher noch weitgehend aus.

---

[5] Vgl. zu diesen Fragen *Gehrig*, G.: Eine ökonometrische Analyse des Konsums ..., a. a. O., S. 45.

Erster Abschnitt: Die Struktur des Modells 81

Da es hier jedoch lediglich darum geht, einen Gesamteindruck von der Qualität des Modells zu gewinnen, und nicht im Sinne eines Reihentests die eindeutig besten Funktionen zu ermitteln, wurde den einzelnen Kriterien etwa die gleiche Bedeutung zugewiesen. Die dabei für die verschiedenen Qualitätsgruppen im einzelnen zugrundegelegten Werte sind in der folgenden Tabelle zusammengestellt:

Einteilung der Prüfkriterien in Qualitätsgruppen

Kriterium	gut	mittel	schlecht
Bestimmtheits- koeffizient $\overline{R}^2$ ..	0,98 und darüber	0,95 bis unter 0,98	unter 0,95
Variations- koeffizient V ...	unter ± 1,5 vH	± 1,5 vH bis unter ± 4,5 vH	± 4,5 vH und darüber
von Neumann- Verhältnis D ..	2,0 bis unter 2,5	1,5 bis unter 2,0 und 2,5 bis unter 3,0	unter 1,5 und 3,0 und darüber
Konfidenz- bereich $\dfrac{t\,\bar{S}_{\hat{b}_{ij}}}{\hat{b}_{ij}}$	unter ± 10 vH	± 10 vH bis unter ± 25 vH	± 25 vH und darüber

Bei Zugrundelegung dieser Werte weisen die Ausgabenfunktionen der Haushalte und der Unternehmen sowie die Ausgabenfunktion des Auslands im großen und ganzen gesehen eine mittlere Qualität auf. Die Ausgabenfunktionen des Staates sind dagegen als schlecht zu betrachten. In keinem Fall ist eine statistische Testgröße für die Ausgabenfunktionen des Staates als gut zu bezeichnen. Demgegenüber werden die Ergebnisse in drei der vier Funktionen des Staates durch eine beträchtliche Autokorrelation zusätzlich beeinträchtigt. Sicher handelt es sich bei dem vorliegenden Modell vom ökonometrischen Standpunkt aus betrachtet nicht um ein gutes Modell. Seine Qualität ist jedoch nicht so schlecht, daß es überhaupt nicht zu weiteren Untersuchungen verwendet werden könnte. So sind beispielsweise die Ausgabeneigungen und die Korrelationskoeffizienten, wie erwähnt, ausnahmslos mit einer Irrtumswahrscheinlichkeit von weniger als 0,01 signifikant. Auch die Konfidenzintervalle der Ausgabeneigungen sind verhältnismäßig eng.

d) Ergebnisse der autoregressiven Transformationen

Die bisherige Prüfung der geschätzten Ausgabenfunktionen ergab, daß die Restwerte der Funktionen (III. 1.1') und (III. 1.4') bis (III. 1.6') positiv miteinander korreliert sind. Es ist versucht worden, diese Autokorrelation mit Hilfe des im zweiten Teil beschriebenen Verfahrens der autoregressiven Transformation zu beseitigen. Für die transformierten Ausgabenfunktionen ergaben sich dabei folgende Schätzwerte:

(III. 1.1″)
$$X_{11}(t) = 0{,}0318\, Y_1(t-1) + 2{,}8048 + \hat{u}'_{11}(t)$$
$$(0{,}0024)$$
$$\bar{R}^2 = 0{,}956$$
$$V = 1{,}32$$
$$D = 2{,}152$$

(III. 1.4″)
$$X_{12}(t) = 0{,}4836\, Y_2(t-1) - 4{,}6055 + \hat{u}'_{12}(t)$$
$$(0{,}0365)$$
$$\bar{R}^2 = 0{,}956$$
$$V = 3{,}63$$
$$D = 1{,}617$$

(III. 1.5″)
$$X_{22}(t) = 0{,}3127\, Y_2(t-1) - 1{,}7467 + \hat{u}'_{22}(t)$$
$$(0{,}0341)$$
$$\bar{R}^2 = 0{,}912$$
$$V = 3{,}55$$
$$D = 2{,}340$$

(III. 1.6″)
$$X_{32}(t) = 0{,}3775\, Y_2(t-1) - 12{,}0700 + \hat{u}'_{32}(t)$$
$$(0{,}0488)$$
$$\bar{R}^2 = 0{,}881$$
$$V = 5{,}29$$
$$D = 2{,}452.$$

Die Werte des D-Verhältnisses zeigen, daß die Autokorrelation der Residuen durch die vorgenommenen Transformationen in allen vier Ausgabenfunktionen so weit verringert werden konnte, daß die Hypothese, die Restwerte seien miteinander korreliert, zurückgewiesen werden muß. Bei einer Irrtumswahrscheinlichkeit von 0,1 fordert der Test hierfür, daß das von Neumann-Verhältnis in den Grenzen von 1,152 bis 3,348 liegt. Das ist für alle vier Funktionen der Fall. Die Funktionen (III. 1.1″), (III. 1.5″) und (III. 1.6″) weisen sogar D-Verhältnisse auf, die in der Nähe des Erwartungswertes 2,25 liegen. Insofern konnten die Ergebnisse wesentlich verbessert werden. Sie sind für die drei letztgenannten Funktionen als gut zu bezeichnen.

Die Schätzwerte, die sich für die einzelnen Parameter ergaben, weichen allerdings beträchtlich von den ursprünglichen Parameterwerten ab. Dabei läßt sich feststellen, daß jeweils eine Verringerung des absoluten Gliedes mit einer Erhöhung der Ausgabeneigung und eine Erhöhung des absoluten Gliedes mit einer Verringerung der Ausgabeneigung zusammenfallen. Die Veränderungen der Ausgabeneigungen sind teilweise so erheblich, daß die neuen Ausgabeneigungen außerhalb der Konfidenzintervalle für die Ausgabeneigungen der nicht transfor-

Erster Abschnitt: Die Struktur des Modells 83

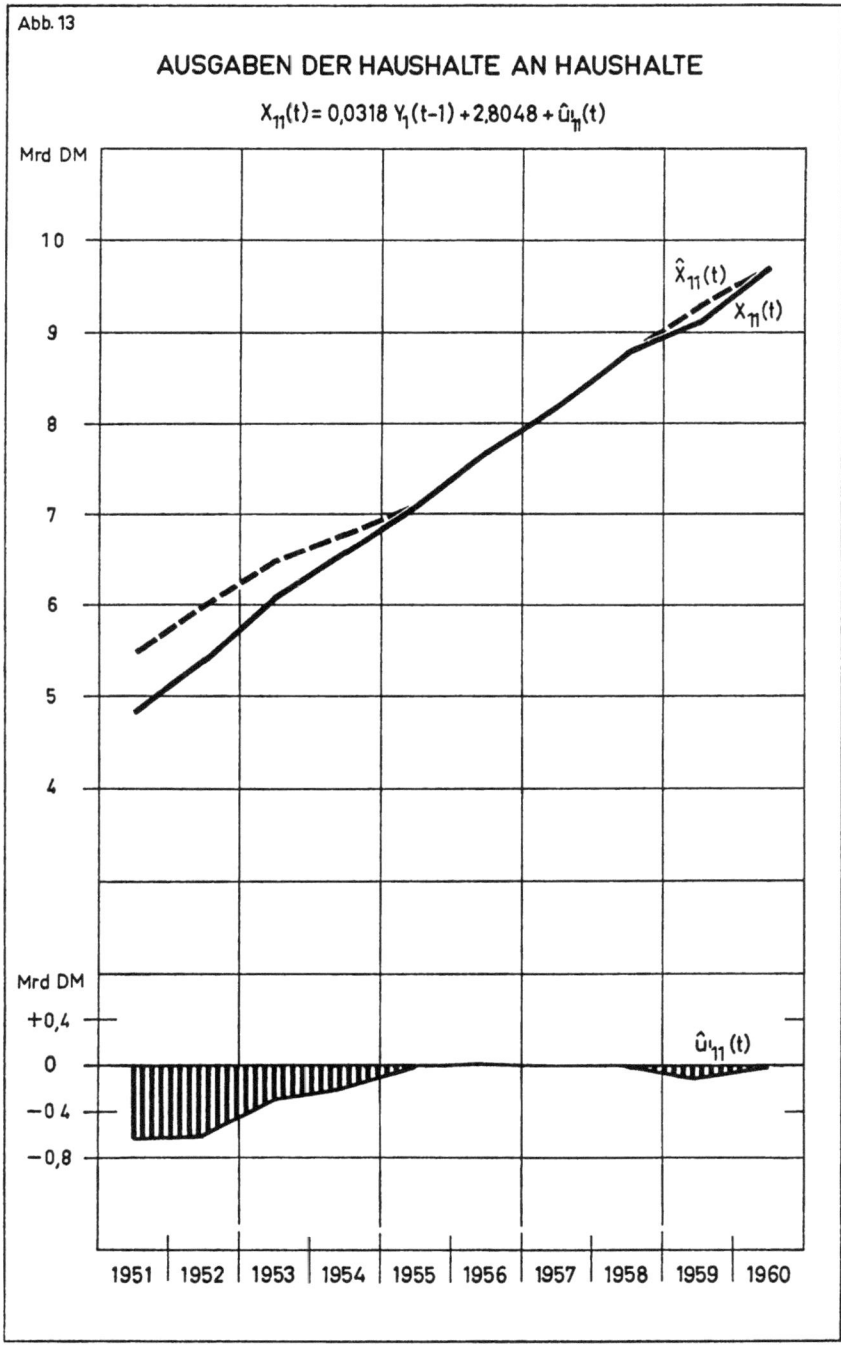

Abb. 13

AUSGABEN DER HAUSHALTE AN HAUSHALTE

$X_{11}(t) = 0{,}0318\, Y_1(t-1) + 2{,}8048 + \hat{u}_{11}(t)$

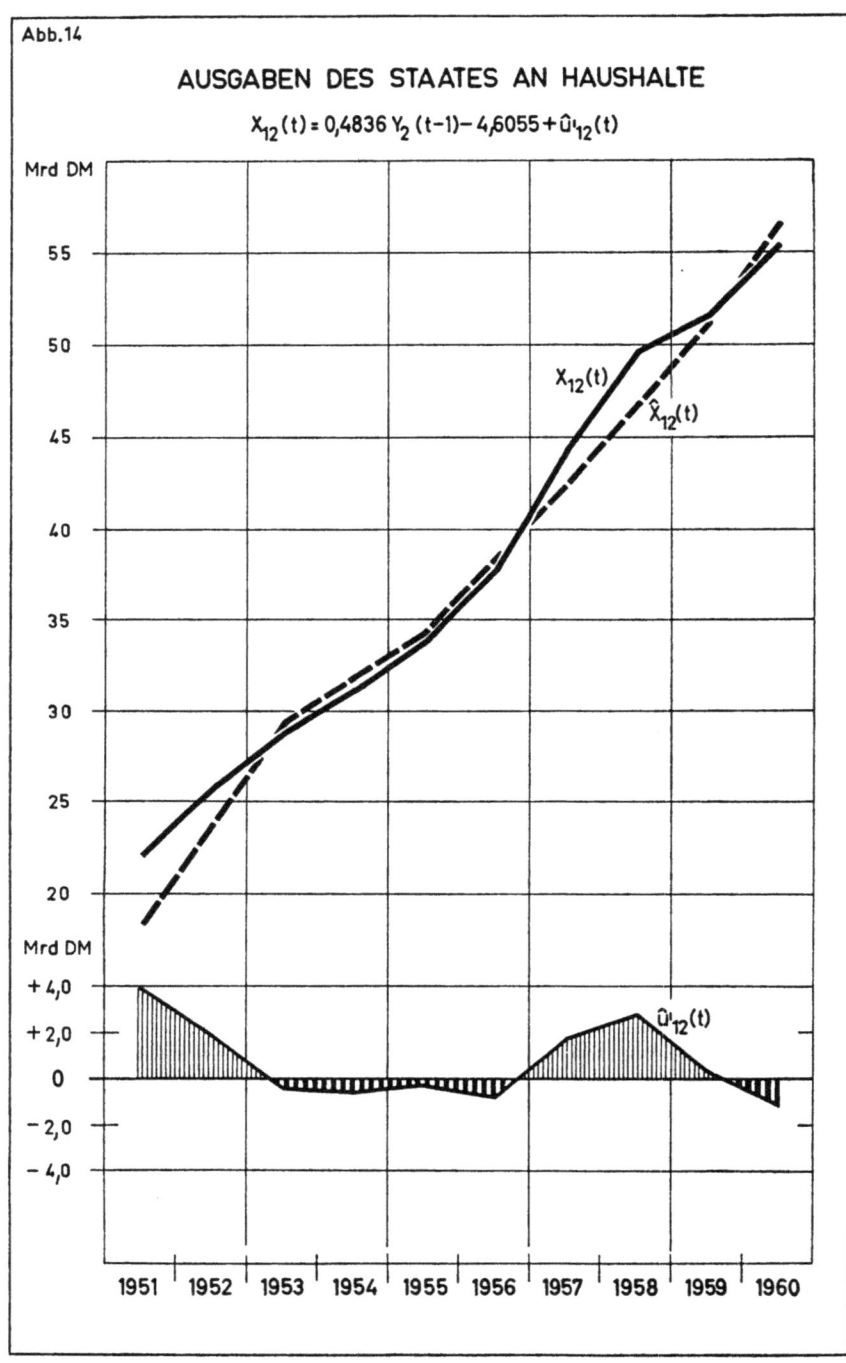

Abb. 14 AUSGABEN DES STAATES AN HAUSHALTE
$X_{12}(t) = 0{,}4836\, Y_2(t-1) - 4{,}6055 + \hat{u}'_{12}(t)$

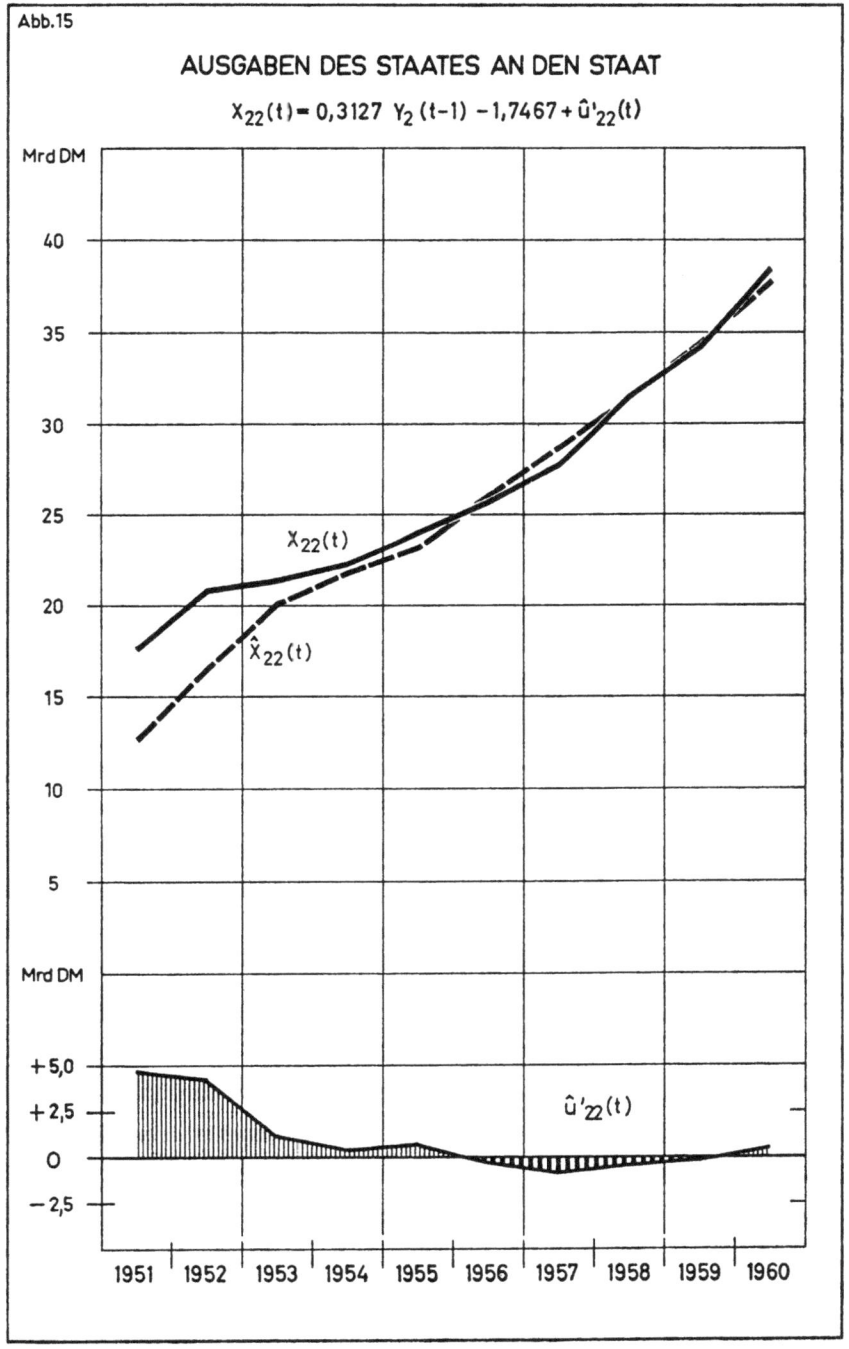

86 Teil III: Ein Modell für die Bundesrepublik Deutschland

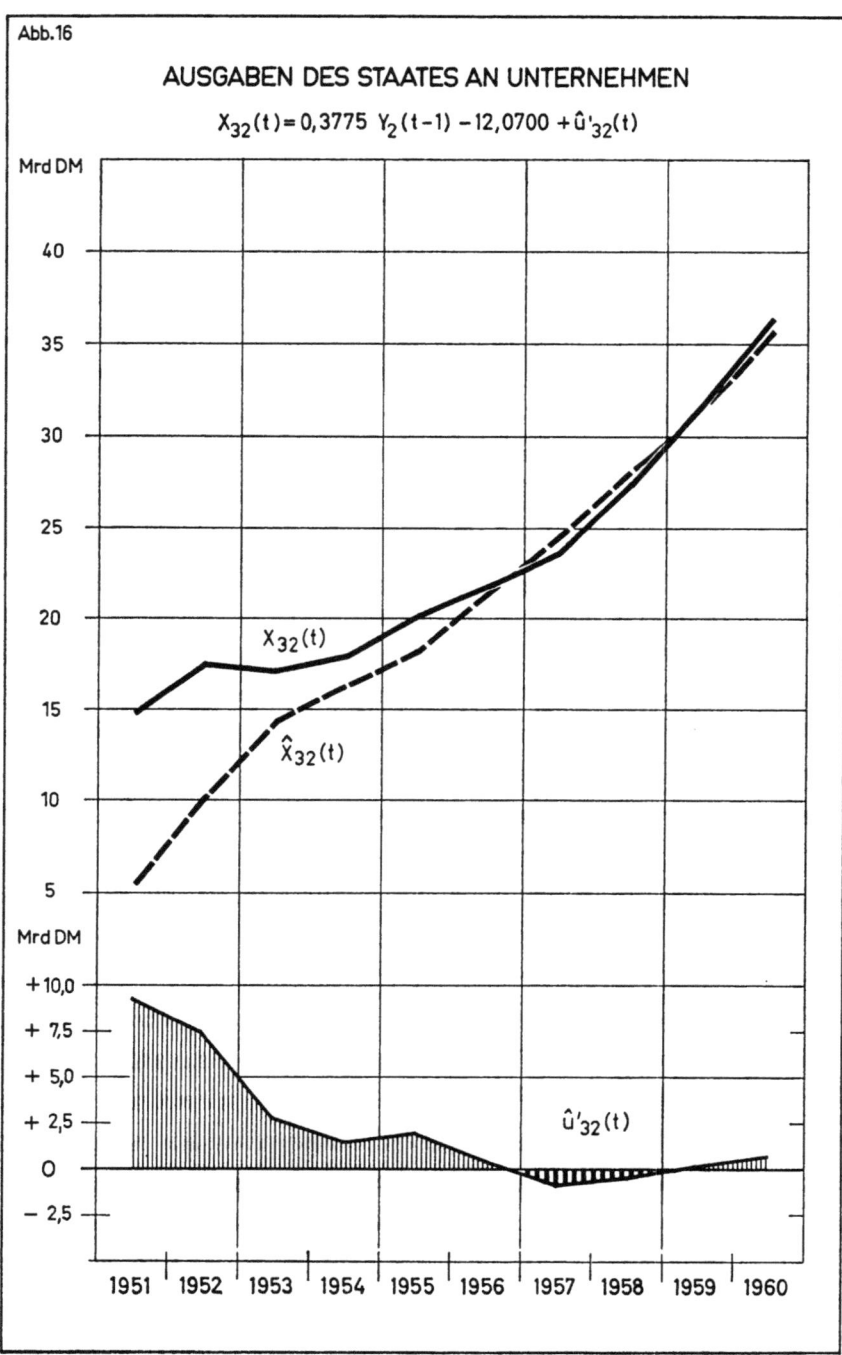

mierten Funktionen liegen. In der Ausgabenfunktion des Staates an den Staat tritt an die Stelle des positiven absoluten Gliedes ein negatives absolutes Glied. In den anderen beiden transformierten Ausgabenfunktionen des Staates haben sich die negativen absoluten Glieder dem Betrage nach beträchtlich erhöht. Sie erscheinen dadurch noch weniger plausibel als die ursprünglichen Schätzwerte. Liegt nämlich tatsächlich ein nicht-lineares Ausgabeverhalten vor, so dürften Funktionen mit positiven oder geringfügig negativen absoluten Gliedern und geringeren marginalen Ausgabeneigungen eine bessere Approximation des hier untersuchten empirischen Bereichs bieten als Funktionen mit stark negativen absoluten Gliedern und höheren Ausgabeneigungen. Die Anpassung der berechneten Ausgaben an die tatsächlichen Ausgaben ist im allgemeinen im ersten Teil des betrachteten Zeitraums, d. h. bis etwa 1956 schlechter, im zweiten Teil dagegen besser als die der untransformierten Funktionen.

Für die um ihre Freiheitsgrade berichtigten Bestimmtheitskoeffizienten $\bar{R}^2$ ergaben sich erheblich niedrigere Werte als bisher. Der Erklärungsgrad der Funktionen ist also gesunken. In dem Fall der Ausgabenfunktion des Staates an die Unternehmen beträgt er jetzt weniger als 90 vH. Etwas verbessert haben sich demgegenüber die Werte der Variationskoeffizienten. Die Schätzwerte der Ausgabeneigungen sind zwar nach wie vor mit einer Irrtumswahrscheinlichkeit von 0,01 signifikant. Obschon die entsprechenden Testwerte ausnahmslos größer als 5,408 sind, ergibt sich aber aus einem Vergleich mit denen der ursprünglichen Ausgabeneigungen, daß die Ergebnisse bei weitem nicht mehr so gut sind. Die auf der Basis einer 5%igen Irrtumswahrscheinlichkeit berechneten Vertrauensbereiche haben eine beträchtliche

Konfidenzbereiche und Testwerte für die geschätzten Ausgabeneigungen der transformierten Funktionen

Gleichung	Parameter b_{ij}	Schätzwert $\hat{b}_{ij}$	Konfidenzbereich[a] $\hat{b}_{ij} - t\,\bar{S}_{\hat{b}_{ij}}$ bis $\hat{b}_{ij} + t\,\bar{S}_{\hat{b}_{ij}}$	Abweichung[a] $\pm \dfrac{t\,\bar{S}_{\hat{b}_{ij}}}{\hat{b}_{ij}}$	Testwert $t_{\hat{b}_{ij}} = t_R$
(III. 1.1″)	b_{11}	0,0318	0,0261 − 0,0375	17,94	13,182
(III. 1.4″)	b_{12}	0,4836	0,3974 − 0,5698	17,83	13,265
(III. 1.5″)	b_{22}	0,3127	0,2321 − 0,3933	25,77	9,177
(III. 1.6″)	b_{32}	0,3775	0,2622 − 0,4928	30,54	7,744

a) Bei einem Freiheitsgrad von T−2 = 7 und einer Irrtumswahrscheinlichkeit von 0,05 hat t den Wert 2,365.

88   Teil III: Ein Modell für die Bundesrepublik Deutschland

Ausdehnung erfahren. Bei der transformierten Ausgabenfunktion des Staates an die Unternehmen (III. 1.6″) geht der Umfang des Konfidenzintervalls sogar über 60 vH des Parameterwertes hinaus. Von den ursprünglichen Schätzwerten der Ausgabeneigungen liegt allerdings keiner außerhalb der Vertrauensbereiche der Parameter der transformierten Funktionen. Zusammenfassend kann festgestellt werden, daß die statistische Qualität der Funktionen, die eine signifikante Autokorrelation aufweisen, überschätzt wird. Die Durchführung der Transformation hat mithin, wie nicht anders zu erwarten war, gezeigt, daß die Ausschaltung der Autoregression im allgemeinen zu Verschlechterungen bei den übrigen Testkriterien führt. Bei Abwägung aller Gesichtspunkte wird dadurch die Gesamtbeurteilung des Modells allerdings nur wenig verändert. Den weiteren Überlegungen sollen daher die untransformierten Funktionen zugrundegelegt werden.

e) Vergleich des Modells mit anderen ökonometrischen Modellen für die Bundesrepublik Deutschland

Wenn es sich bei dem geschätzten Sektorenmodell hinsichtlich seiner Hypothesenkonstruktion auch um ein sehr einfaches Modell handelt, so kann es in seinen statistischen Eigenschaften doch durchaus mit anderen ökonometrischen Modellen für die Bundesrepublik Deutschland verglichen werden. Für einen solchen Vergleich sollen herangezogen werden die Modelle von Waffenschmidt[6], Menges[7], Gülicher[8], König/Timmermann[9], Hohenbalken/Tintner[10], Brems[11], Gehrig[12] und Scherf[13]. Mit einer einzigen Ausnahme liegen diesen Modellen Zeiträume zwischen 1949 und 1961 zugrunde. Die Ausnahme stellt die Produktionsfunktion in dem Modell von Gehrig dar, die auch Beobachtungsdaten

---

[6] *Waffenschmidt*, W. G. und Forschungsgruppe: Deutsche Volkswirtschaftliche Gesamtrechnung und ihre Lenkungsmodelle 1949—1955, Stuttgart 1959.

[7] *Menges*, G.: Ein ökonometrisches Modell der Bundesrepublik Deutschland (Vier Strukturgleichungen), Ifo-Studien, 5, 1959, S. 1—22 und *ders.*: Ökonometrie, Wiesbaden 1961, S. 155—182.

[8] *Gülicher*, H.: Ein einfaches ökonometrisches Dezisionsmodell zur Beurteilung der quantitativen Auswirkungen einiger wirtschaftspolitischer Maßnahmen für die Bundesrepublik Deutschland, Köln und Opladen 1961.

[9] *König*, H. und *Timmermann*, V.: Ein ökonometrisches Modell für die Bundesrepublik Deutschland 1950—1960, Zeitschrift für die gesamte Staatswissenschaft, 118, 1962, S. 598—652.

[10] *Hohenbalken*, B. von and *Tintner*, G.: Econometric Models of the OEEC Member Countries, the United States and Canada, and Their Application to Economic Policy, Weltwirtschaftliches Archiv, 89, 1962 (II), S. 29—86.

[11] *Brems*, H.: Wages, Prices, and Profits in a Macroeconomic Model, Illustrated by German Data, Weltwirtschaftliches Archiv, 89, 1962 (II), S. 179—207.

[12] *Gehrig*, G.: Ein makroökonomisches Modell für die Bundesrepublik Deutschland, Berlin 1963.

[13] *Scherf*, H.: Zur Frage der Beziehungen zwischen Löhnen und Preisen in der Bundesrepublik Deutschland 1951 bis 1961, Weltwirtschaftliches Archiv, 93, 1964 (II), S. 44—78.

für die Zeit von 1925 bis 1938 einbezieht. Im allgemeinen beruhen die Schätzungen auf Jahresdaten, so daß der Umfang der Stichproben bis zu $T = 11$ reicht. Das entspricht etwa dem bei der Schätzung des Sektorenmodells verwendeten Stichprobenumfang. Allerdings weisen drei Modelle eine höhere Anzahl von Beobachtungsdaten auf. Das Modell von König/Timmermann legt den Berechnungen Halbjahreswerte zugrunde. Dadurch stehen hier 22 Beobachtungsdaten zur Verfügung. Gülicher und Scherf arbeiten bei der Schätzung ihrer Modelle mit Vierteljahreswerten, wodurch sich die Anzahl der Beobachtungsdaten je nach der Länge des Zeitraums auf 25 (Gülicher) oder sogar 44 (Scherf) erhöht. Durch die Verwendung von Halb- bzw. Vierteljahreswerten kann zwar eine wünschenswerte Ausdehnung des in Jahresmodellen häufig sehr geringen Stichprobenumfangs erreicht werden, doch stehen dem andere Schwierigkeiten gegenüber, von denen das Problem der Saisonschwankungen und die Zunahme der Autokorrelation wohl die wichtigsten sind[14].

Der Umfang der Modelle, für den die Anzahl der geschätzten Strukturgleichungen als Charakteristikum genommen werden kann, ist unterschiedlich. Sechs der neun betrachteten Modelle sind jedoch mit fünf oder weniger geschätzten Funktionen als kleine Modelle zu bezeichnen. Wie aus der Aufstellung auf Seite 90 hervorgeht, in der die zum Vergleich herangezogenen Modelle in der Reihenfolge ihrer Veröffentlichung aufgeführt sind, enthalten lediglich drei Modelle eine größere Anzahl von Verhaltensgleichungen. Davon ist das Modell von König/Timmermann mit vierzehn Gleichungen zwar das größte; die Anzahl seiner Gleichungen weist jedoch nur auf einen mittleren Umfang hin[15]. Die Modelle von Waffenschmidt (zwölf Verhaltensgleichungen) und Brems (sieben Verhaltensgleichungen) liegen noch darunter. Das in dieser Arbeit geschätzte Sektorenmodell kann also mit zwölf Verhaltensgleichungen noch als ein Modell von mittlerer Größe angesehen werden. Das gilt auch, wenn statt der Anzahl der geschätzten Strukturgleichungen die Anzahl sämtlicher abhängigen und vorherbestimmten Variablen zum Vergleich herangezogen wird. Dabei muß allerdings nochmals betont werden, daß das vorliegende Sektorenmodell nur auf einer einzigen sehr einfachen Verhaltenshypothese basiert, während in die übrigen Modelle zahlreiche, zum Teil überaus komplizierte, Hypothesen aufgenommen wurden. An der Anzahl der berücksichtigten Verhaltenshypothesen gemessen stellt das Sektorenmodell mithin ein sehr kleines Modell dar.

---

[14] Vgl. hierzu *Klein*, L. R. and *Ball*, R. J., *Hazlewood*, A. and *Vandome*, P.: An Econometric Model of the United Kingdom, Oxford 1961, S. 40—48 und *Nerlove*, M.: A Quarterly Model for the United Kingdom. A Review Article, American Economic Review, 52, 1962, S. 154—176, insbesondere S. 162—169.

[15] Das von *Klein*, L. R. and *Ball*, R. J., *Hazlewood*, A. and *Vandome*, P.: a. a. O., geschätzte Modell enthält beispielsweise 31 Verhaltensgleichungen.

Teil III: Ein Modell für die Bundesrepublik Deutschland

Vergleich des geschätzten Sektorenmodells mit neun anderen Modellen für die Bundesrepublik Deutschland

Modell	Anzahl der Beobachtungsdaten	Anzahl der geschätzten Strukturgleichungen	Angewendetes Schätzverfahren[a]	Anzahl der Strukturgleichungen ohne signifikante Autokorrelation[b]	Anzahl der Strukturgleichungen mit Korrelationskoeffizienten von 0,98 und darüber	Durchschnittlicher Variationskoeffizient
Waffenschmidt ...	7	12	(1)	+[e]	+	+
Menges (1959) ...	8	4	(3)	+	+	3,58
Menges (1961) ...	10	5	(3)	5	2	3,24
Gülicher[d] ...	25	4	(1)	+	0	+
König/Timmermann ...	22	14	(4)	8	7	+
Hohenbalken/Tintner[c] ...	11	2	(1)	+	+	+
Brems ...	10	7	(1)	+	+	+
Gehrig ...	8 und 22	3	(2)	3	3	2,49
Scherf ...	44	4	(2)	0	0	+
Geschätztes Sektorenmodell ...	10	12	(1)	8	7	5,29

a) Es bedeuten: (1) Direkte Kleinst-Quadrat-Methode, (2) Limited-Information-Maximum-Likelihood-Methode, (3) Full-Information-Maximum-Likelihood-Methode, (4) Zwei-Stufen-Kleinst-Quadrat-Methode. — b) Bei Anwendung des Tests von John von Neumann. — c) + bedeutet keine oder unvollständige Angaben. — d) Modell VI. — e) Variante 1 d/5 c.

Unter den angewendeten Schätzverfahren überwiegt mit vier Fällen die direkte Kleinst-Quadrat-Methode. Obschon in keinem Fall die Anwendung dieser Methode exakt, d. h. durch Rekursivität des Modells, begründet werden kann, findet sie also nach wie vor als Schätzverfahren Verwendung. Daneben werden je zweimal die Limited- und die Full-Information-Maximum-Likelihood-Methode angewendet. In einem Fall erfolgt die Schätzung mit Hilfe der Zwei-Stufen-Kleinst-Quadrat-Methode. Zweifellos hängt der beschränkte Gebrauch von simultanen Schätzverfahren mit dem Umfang der dabei erforderlichen Rechenarbeiten zusammen. Je mehr sich jedoch die Möglichkeiten zur Anwendung elektronischer Rechenanlagen erweitern, umso mehr werden wahrscheinlich in Zukunft solche Verfahren zur Schätzung herangezogen.

Ein Vergleich der verschiedenen Modelle hinsichtlich der wichtigsten statistischen Prüfkriterien ist nur beschränkt möglich, da die Angaben in zahlreichen Fällen fehlen oder unvollständig sind. Nur für zwei Modelle liegen vollständige Angaben vor, und zwar für das Modell von Menges (1961) und für das Modell von Gehrig. Beide Modelle sind unter statistischen Gesichtspunkten als „gut" zu bezeichnen. Keine der geschätzten Verhaltensgleichungen weist eine signifikante Autokorrelation auf. Die durchschnittlichen Variationskoeffizienten sind mit 2,49 vH (Gehrig) und 3,24 vH (Menges) verhältnismäßig niedrig. In dem Modell von Menges haben allerdings nur zwei der fünf Korrelationskoeffizienten Werte von 0,98 und darüber. Im allgemeinen wird sich aber die statistische Qualität eines Modells bei einer Erhöhung der Anzahl der Strukturgleichungen verringern[16], so daß ein exakter Vergleich nur bei gleicher Anzahl von Verhaltensfunktionen möglich sein dürfte. Das Modell von Menges (1961) enthält aber fünf, das von Gehrig nur drei Strukturgleichungen. Soweit Angaben für die übrigen Modelle vorliegen, läßt sich erkennen, daß die auf Halb- und Vierteljahreswerten beruhenden Modelle einen erheblichen Grad von Autokorrelation aufweisen. In dem Modell von König/Timmermann wurde immerhin für sechs der vierzehn, in dem Modell von Scherf dagegen für alle vier Funktionen signifikante Autokorrelation festgestellt[17]. Lediglich Scherf versucht, diesen Mangel durch autoregres-

---

[16] Modelle mit einer höheren Anzahl von Gleichungen enthalten häufig Gleichungen, deren Aufnahme in das Modell zwar eine wünschenswerte theoretische Erweiterung des Modells bedeutet, deren empirische Gestalt aber noch nicht genügend untersucht wurde. Die statistischen Eigenschaften solcher Gleichungen sind in der Regel schlechter als die statistischen Qualitäten besser fundierter Gleichungen.

[17] Scherf kommt bei einer Anwendung des Tests von Durbin und Watson zu dem Schluß, daß lediglich zwei Funktionen signifikante Autokorrelation aufweisen, während sich für die beiden anderen Funktionen keine Entschei-

sive Transformationen zu beseitigen. Obschon das geschätzte Sektorenmodell mit 5,29 vH einen relativ hohen durchschnittlichen Variationskoeffizienten und mit vier von zwölf Gleichungen eine für ein auf Jahresdaten basierendes Modell beträchtliche Anzahl von Gleichungen mit signifikanter Autokorrelation aufweist, dürfte es bei Berücksichtigung seines Umfangs auch im Rahmen des hier durchgeführten Vergleichs als ein Modell von mittlerer statistischer Güte anzusehen sein.

---

dung ergibt. Siehe *Scherf*, H.: a. a. O., S. 69. Bei einer Anwendung des Tests von John von Neumann ist dagegen für alle vier Funktionen signifikante Autokorrelation festzustellen.

Zweiter Abschnitt

Die Lösungen des Modells

a) Die statischen Lösungen

Nachdem Schätzwerte für die Parameter b_{ij} und d_{ij} der Ausgabenfunktionen ermittelt wurden, lassen sich die Matrix der Ausgabeneigungen $\hat{\mathfrak{B}}$ und der Vektor der autonomen Ausgaben $\hat{\mathfrak{b}}$ aufstellen. Das gesamte Modell, das aus sechzehn Funktionen besteht, kann in ein System von vier Differenzengleichungen erster Ordnung für die Gesamteinnahmen der vier Sektoren umgebildet werden. Dieses System hat die folgende Form:

(III. 2.1)
$$Y_1(t) = b_{11} Y_1(t-1) + b_{12} Y_2(t-1) + b_{13} Y_3(t-1) \qquad\qquad\quad + d_1$$
$$Y_2(t) = b_{21} Y_1(t-1) + b_{22} Y_2(t-1) + b_{23} Y_3(t-1) \qquad\qquad\quad + d_2$$
$$Y_3(t) = b_{31} Y_1(t-1) + b_{32} Y_2(t-1) + b_{33} Y_3(t-1) + b_{34} Y_4(t-1) + d_3$$
$$Y_4(t) = \qquad\qquad\quad b_{42} Y_2(t-1) + b_{43} Y_3(t-1) \qquad\qquad\quad + d_4 .$$

In allen vier Gleichungen wurden die absoluten Glieder jeweils zu einem einzigen Ausdruck zusammengefaßt, d. h. es gilt $d_i = \sum\limits_{j=1}^{4} d_{ij}$. Dieses Gleichungssystem kann, wie im ersten Teil gezeigt wurde, als Matrizengleichung geschrieben werden:

(III. 2.2) $\qquad\qquad \mathfrak{y}(t) = \mathfrak{B}\,\mathfrak{y}(t-1) + \mathfrak{b} .$

Die Matrix der Ausgabeneigungen $\mathfrak{B}$ stellt eine quadratische Matrix vierter Ordnung dar. Der Spaltenvektor $\mathfrak{b}$ der autonomen Ausgaben besteht aus vier Elementen. Unter Verwendung der aus der Schätzung des Modells für die Bundesrepublik Deutschland gewonnenen Parameterwerte erhalten die Matrix der Ausgabeneigungen und der Vektor der autonomen Ausgaben die folgende numerische Form:

(III. 2.3) $\qquad \hat{\mathfrak{B}} = \begin{bmatrix} 0{,}0363 & 0{,}4557 & 0{,}2416 & 0{,}0000 \\ 0{,}2165 & 0{,}2532 & 0{,}0772 & 0{,}0000 \\ 0{,}6954 & 0{,}2656 & 0{,}6335 & 1{,}1727 \\ 0{,}0000 & 0{,}0670 & 0{,}1026 & 0{,}0000 \end{bmatrix}$

94 Teil III: Ein Modell für die Bundesrepublik Deutschland

(III. 2.4) $$\hat{\mathfrak{b}} = \begin{bmatrix} 3{,}0865 \\ 4{,}7180 \\ 62{,}5178 \\ -17{,}7343 \end{bmatrix}.$$

Zur Ermittlung der statischen Skalarlösungen mußte die Matrix $(\mathfrak{E} - \hat{\mathfrak{B}})$ invertiert und mit dem Vektor der autonomen Ausgaben multipliziert werden. Die Inversion, die sich bei dem geringen Umfang der Matrix noch mit einfachen Hilfsmitteln, d. h. mit einer Tischrechenmaschine, durchführen ließ[18], führte zu der inversen Matrix

(III. 2.5) $$(\mathfrak{E} - \hat{\mathfrak{B}})^{-1} = \begin{bmatrix} -3{,}8687 & -4{,}8048 & -5{,}3034 & -6{,}2193 \\ -2{,}6315 & -1{,}7030 & -3{,}1166 & -3{,}6549 \\ -14{,}6071 & -15{,}9534 & -15{,}2760 & -17{,}9142 \\ -1{,}6750 & -1{,}7509 & -1{,}7761 & -1{,}0829 \end{bmatrix}.$$

Nach der Multiplikation mit dem Vektor $\hat{\mathfrak{b}}$ ergaben sich als statische Skalarlösungen für die Einnahmen der vier Sektoren die folgenden Werte:

(III. 2.6)
$$\begin{aligned} \overline{Y}_1 &= -255{,}872 \\ \overline{Y}_2 &= -146{,}183 \\ \overline{Y}_3 &= -757{,}679 \\ \overline{Y}_4 &= -105{,}264 \,. \end{aligned}$$

Es zeigt sich, daß alle vier statischen Skalarlösungen negativ sind. Im Zustand des Gleichgewichts, in dem die Sektoreinnahmen zweier aufeinander folgender Perioden gleich sind, müßten daher die Gesamteinnahmen aller vier Sektoren negative Werte annehmen. Dieser Zustand wird allerdings nur bei stabilen Systemen erreicht, die mit zunehmender Anzahl der Perioden nach der statischen Lösung konvergieren. Eine Gleichgewichtssituation, in der die Einnahmen sämtlicher Sektoren negativ sind, stände jedoch im Widerspruch zur Realität. Daraus läßt sich der Schluß ziehen, daß das vorliegende Modell instabil sein muß, d. h. daß die Sektoreinnahmen bei wachsendem t immer größere Werte annehmen[19]. Die Ableitung der statischen Skalarlösungen hat mithin bereits eine wichtige Aussage über den Bewegungsverlauf des geschätzten Modells ergeben.

---

[18] Zur Inversion wurde das bei *Tintner*, G.: a. a. O., auf den Seiten 183/185 beschriebene Verfahren verwendet.

[19] Die Instabilität des Systems ergibt sich auch daraus, daß es der Hawkins-Simon-Bedingung nicht genügt. In diesem Fall hätte kein Element der Matrix $(\mathfrak{E} - \hat{\mathfrak{B}})^{-1}$ negativ sein dürfen. Auch die einfachere Bedingung, daß die größte Spaltensumme von $\hat{\mathfrak{B}}$ kleiner als eins sein muß, ist nicht erfüllt. Vgl. S. 35 ff.

b) Die Ermittlung der Eigenwerte des charakteristischen Polynoms

Zur Bestimmung der dynamischen Skalarlösungen müssen, wie im ersten Teil dieser Arbeit dargestellt wurde, die Wurzeln oder Eigenwerte des charakteristischen Polynoms ermittelt werden. Dazu ist es zunächst erforderlich, die in Form einer Determinantengleichung vorliegende charakteristische Gleichung zu einem Polynom zu entwickeln. Für das hier zugrundegelegte verhältnismäßig einfache Modell lautet die Determinantengleichung

(III. 2.7) $$f(\lambda) = |\lambda \mathfrak{E} - \mathfrak{B}|.$$

Bei höhergradigen Determinanten stellt die Entwicklung des charakteristischen Polynoms eine schwierige Aufgabe dar[20]. Die Tatsache, daß das untersuchte System lediglich aus vier Sektoren besteht, die Determinante also lediglich von vierter Ordnung ist, hat diese Schwierigkeiten erheblich verringert. Die Determinante wurde nach der ersten Spalte entwickelt und die verbleibenden Determinanten dritter Ordnung konnten nach der Sarusschen Regel aufgelöst werden. Nach dem Einsetzen der geschätzten Ausgabeneigungen ließen sich die Koeffizienten der charakteristischen Gleichung berechnen. Es ergab sich das Polynom

(III. 2.8) $$f(\lambda) = \lambda^4 - 0{,}9230\,\lambda^3 - 0{,}2149\,\lambda^2 + 0{,}0904\,\lambda + 0{,}0069.$$

Die vier Nullstellen dieses Polynoms vierten Grades sind die gesuchten Wurzeln oder Eigenwerte. Aus der graphischen Darstellung der Funktion in Abbildung 17 auf Seite 96 läßt sich bereits ungefähr die Lage der Lösungen erkennen. Die genaue numerische Berechnung erfolgte nach einem von Willers beschriebenen — auf einer Anwendung des Hornerschen Schemas beruhenden — Verfahren[21]. Sie führte zu den folgenden Werten:

(III. 2.9)
$$\begin{aligned}\lambda_1 &= 1{,}039\,93 \\ \lambda_2 &= 0{,}287\,63 \\ \lambda_3 &= -0{,}068\,63 \\ \lambda_4 &= -0{,}335\,93.\end{aligned}$$

Sämtliche Eigenwerte des charakteristischen Polynoms sind mithin reell[22]. Da keine komplexen Eigenwerte vorliegen, kann es im zeitlichen Verlauf der Sektoreinnahmen nicht zu mehrperiodigen Schwingungen kommen. Zwei der Eigenwerte sind positiv, einer davon größer

---

[20] Über die verschiedenen numerischen Methoden zur Lösung dieser Aufgabe vgl. *Zurmühl*, R.: a. a. O., S. 313 ff.
[21] *Willers*, F. A.: Methoden der praktischen Analysis, 3. Aufl., Berlin 1957, S. 274/275.
[22] Diese Tatsache ist auch daraus zu erkennen, daß die geometrische Darstellung des Polynoms vier Schnittpunkte mit der Abszisse aufweist.

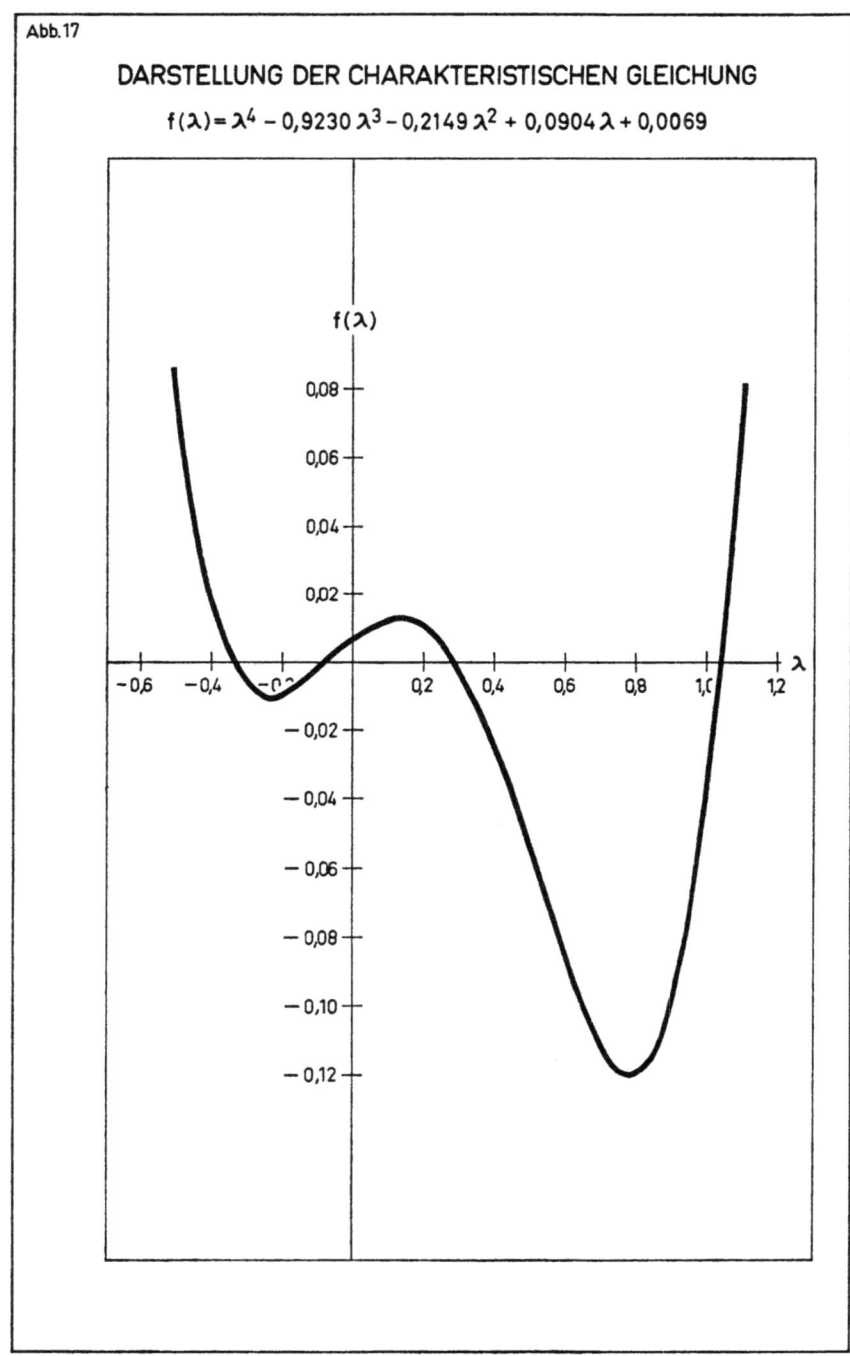

Abb. 17 DARSTELLUNG DER CHARAKTERISTISCHEN GLEICHUNG
$f(\lambda) = \lambda^4 - 0{,}9230\,\lambda^3 - 0{,}2149\,\lambda^2 + 0{,}0904\,\lambda + 0{,}0069$

als eins. Die anderen beiden Eigenwerte sind dagegen negativ. Eine der negativen Wurzeln, nämlich λ_3, liegt jedoch so nahe bei dem Wert Null, daß ihr Einfluß auf die Entwicklung der Sektoreinnahmen gering sein wird. Tendenziell rufen negative reelle Eigenwerte, die dem Betrage nach kleiner als eins sind, jeweils von Periode zu Periode wechselnde Aufwärts- und Abwärtsbewegungen mit abnehmender Amplitude hervor. Der Betrag der zweiten negativen Wurzel λ_4 ist aber ebenfalls nicht sehr hoch. Vermutlich werden die dadurch hervorgerufenen Schwankungen daher nach einer geringen Anzahl von Perioden bedeutungslos werden. Endgültige Aussagen über den Einfluß der negativen Wurzeln auf die Entwicklung der Sektoreinnahmen lassen sich allerdings erst dann machen, wenn die Höhe der zu den beiden Eigenwerten gehörenden Konstanten bekannt ist. Eine aus zahlreichen Wirtschaftsstatistiken bekannte Tatsache läßt sich allerdings jetzt schon erkennen: Konjunkturelle Schwingungen haben in der Wirtschaftsentwicklung der Bundesrepublik Deutschland von 1951 bis 1960 eine untergeordnete Rolle gespielt. Jedenfalls war ihr Ausmaß so gering, daß sie in den Funktionalzusammenhängen des Modells nicht in Erscheinung treten. Dabei muß jedoch berücksichtigt werden, daß die in dem Modell verwendeten Variablen sehr stark aggregierte absolute Größen und keine Veränderungsraten sind. Insgesamt gesehen handelt es sich bei der durch das Modell charakterisierten Wirtschaftsentwicklung um einen verhältnismäßig störungsfreien Verlauf.

Die Ermittlung der statischen Lösungen hatte bereits ergeben, daß das Modell instabil ist. Das wird jetzt bestätigt durch den Wert der Wurzel λ_1, die positiv reell und größer als eins ist. Dieser Eigenwert stellt die dominante Wurzel des Systems dar, d. h. für alle Fälle, in denen die zu diesem Eigenwert gehörige Konstante größer als Null ist, folgen die Einnahmen der Sektoren nach einer gewissen Anzahl von Perioden einem monotonen Wachstumspfad. Das geschätzte Modell stellt also ein Beispiel dar für die Erklärung von empirischen Wachstumsprozessen mit Hilfe der Theorie des Sektorenmultiplikators. Die zweite positiv reelle Wurzel λ_2 ist betragsmäßig so klein, daß ihr Einfluß auf die Entwicklung der Sektoreinnahmen vermutlich gering ist. Solche zwischen den Werten Null und eins liegenden Eigenwerte führen bei positiven Konstanten zu monotonem ständig schwächer werdenden Anstieg der Sektoreinnahmen.

c) Die Berücksichtigung von Anfangsbedingungen

Obschon die Ermittlung der statischen Lösungen und die Berechnung der Eigenwerte des charakteristischen Polynoms bereits zu wesentlichen Erkenntnissen über die dynamische Struktur des Modells geführt haben, läßt sich mit ihnen allein noch nicht der vollständige

98   Teil III: Ein Modell für die Bundesrepublik Deutschland

zeitliche Verlauf der Sektoreinnahmen beschreiben. Dazu ist es vielmehr erforderlich, bestimmte Anfangsbedingungen in das Modell aufzunehmen. Als Anfangswerte wurden die Sektoreinnahmen des Jahres 1950 gewählt. Mit ihrer Hilfe konnten die Sektoreinnahmen der Jahre 1951 bis 1953 durch sukzessives Einsetzen in die Gleichung (III. 2.2) berechnet werden. Danach ließ sich beispielsweise für den Sektor Haushalte das folgende Gleichungssystem aufstellen:

(III. 2.10)
$$Y_1(1950) = \overline{Y}_1 + K_{11} + K_{12} + K_{13} + K_{14}$$
$$Y_1(1951) = \overline{Y}_1 + \lambda_1 K_{11} + \lambda_2 K_{12} + \lambda_3 K_{13} + \lambda_4 K_{14}$$
$$Y_1(1952) = \overline{Y}_1 + \lambda_1^2 K_{11} + \lambda_2^2 K_{12} + \lambda_3^2 K_{13} + \lambda_4^2 K_{14}$$
$$Y_1(1953) = \overline{Y}_1 + \lambda_1^3 K_{11} + \lambda_2^3 K_{12} + \lambda_3^3 K_{13} + \lambda_4^3 K_{14}.$$

Unbekannt sind in diesem System nur noch die vier Konstanten K_{11}, K_{12}, K_{13} und K_{14}, zu deren Berechnung vier Gleichungen zur Verfügung stehen. Die Anfangswerte, die statischen Skalarlösungen $\overline{Y}_i$ und die vier Eigenwerte λ_1, λ_2, λ_3 und λ_4 werden vorgegeben oder sind in den beiden vorangegangenen Unterabschnitten bestimmt worden. Zur Lösung ist im einzelnen die Vandermondesche Matrix $\mathfrak{V}$ zu bilden und zu invertieren sowie der Vektor aus den Differenzen von Anfangswerten und statischer Skalarlösung zu berechnen. Dabei kann die invertierte Vandermondesche Matrix auch für die Ermittlung der Konstanten der anderen drei Sektoren, die nach dem gleichen Schema erfolgt, benutzt werden. Lediglich der die Anfangsbedingungen berücksichtigende Spaltenvektor ist für alle vier Sektoren unterschiedlich. Die numerische Aufstellung der Vandermonde-Matrix ergab die folgende Matrix:

$$\mathfrak{V} = \begin{bmatrix} 1{,}000\,00 & 1{,}000\,00 & 1{,}000\,00 & 1{,}000\,00 \\ 1{,}039\,93 & 0{,}287\,63 & -0{,}068\,63 & -0{,}335\,93 \\ 1{,}081\,45 & 0{,}082\,73 & 0{,}004\,71 & 0{,}112\,85 \\ 1{,}124\,64 & 0{,}023\,80 & -0{,}000\,32 & -0{,}037\,91 \end{bmatrix}.$$

Die Inversion führte zu

$$\mathfrak{V}^{-1} = \begin{bmatrix} -0{,}005\,78 & -0{,}081\,33 & 0{,}101\,87 & 0{,}871\,55 \\ 0{,}143\,49 & 2{,}379\,50 & 3{,}801\,83 & -5{,}983\,66 \\ 0{,}951\,78 & -1{,}391\,17 & -9{,}393\,30 & 9{,}472\,64 \\ -0{,}089\,49 & -0{,}907\,00 & 5{,}489\,60 & -4{,}360\,53 \end{bmatrix}.$$

Um die Konstanten für die den gewählten Anfangsbedingungen genügende Lösung des Sektors „Haushalte" zu erhalten, mußte die invertierte Vandermonde-Matrix mit dem folgenden Vektor multipliziert werden:

(III. 2.11) $\quad \tilde{\mathfrak{y}}_1(0) - \bar{\mathfrak{y}}_1 = \begin{bmatrix} 340{,}912 \\ 349{,}283 \\ 365{,}892 \\ 379{,}747 \end{bmatrix}$.

Nach der Durchführung dieser Rechenoperation ergaben sich für die Konstanten die nachstehenden Werte:

(III. 2.12)
$$K_{11} = 337{,}864$$
$$K_{12} = -1{,}181$$
$$K_{13} = -1{,}166$$
$$K_{14} = 5{,}395 \;.$$

Auf die gleiche Art und Weise wurden die Konstanten für die Lösungen der drei übrigen Sektoren bestimmt. Die Darstellung der dabei gewonnenen Werte soll — zusammen mit einer Interpretation des Gesamtergebnisses — im nächsten Unterabschnitt erfolgen. Nachdem nämlich die Konstanten ermittelt wurden, die bestimmte Anfangsbedingungen repräsentieren, ist der letzte Schritt auf dem Wege zu den allgemeinen Skalarlösungen, die sich aus den statischen Skalarlösungen, den Eigenwerten des charakteristischen Polynoms und den dazugehörigen Konstanten zusammensetzen, getan.

d) Allgemeine Skalarlösungen und zeitlicher Verlauf der Sektoreinnahmen

Die vollständige Lösung des untersuchten dynamischen Multiplikatormodells für die Bundesrepublik Deutschland wird unter Berücksichtigung der gewählten Anfangsbedingungen durch die allgemeinen Skalarlösungen gegeben. Mit Hilfe dieser Lösungen können die Einnahmen der vier Sektoren für alle Werte von t genau berechnet werden. Insbesondere kann für fortlaufende Werte von t der zeitliche Verlauf der Sektoreinnahmen bestimmt werden. Im einzelnen führte das Modell zu den folgenden allgemeinen Skalarlösungen:

(III. 2.13) $\quad Y_1(t) = 337{,}864 \cdot 1{,}039\,93^t - 1{,}181 \cdot 0{,}287\,63^t$
$ - 1{,}166 \cdot (-0{,}068\,63)^t + 5{,}395 \cdot (-0{,}335\,93)^t$
$ - 255{,}872$

(III. 2.14) $\quad Y_2(t) = 194{,}665 \cdot 1{,}039\,93^t - 1{,}841 \cdot 0{,}287\,63^t$
$ + 1{,}377 \cdot (-0{,}068\,63)^t - 1{,}218 \cdot (-0{,}335\,93)^t$
$ - 146{,}183$

(III. 2.15) $\quad Y_3(t) = 1036{,}409 \cdot 1{,}039\,93^t + 1{,}923 \cdot 0{,}287\,63^t$
$ - 1{,}612 \cdot (-0{,}068\,63)^t - 6{,}235 \cdot (-0{,}335\,93)^t$
$ - 757{,}679$

(III. 2.16) $\quad Y_4(t) = 114{,}788 \cdot 1{,}039\,93^t + 0{,}347 \cdot 0{,}287\,63^t$
$ + 1{,}649 \cdot (-0{,}068\,63)^t + 2{,}090 \cdot (-0{,}335\,93)^t$
$ - 105{,}264 \;.$

100 Teil III: Ein Modell für die Bundesrepublik Deutschland

Werden für jede Lösung die zu den vier Eigenwerten gehörenden Konstanten miteinander verglichen, so zeigt sich, daß die Konstanten der Eigenwerte λ_2, λ_3 und λ_4 sehr gering sind im Vergleich zu der Konstanten des Eigenwertes λ_1. Durch diese Tatsache wird die Dominanz, die der Eigenwert λ_1 auf die Lösung ausübt, noch beträchtlich verstärkt. Praktisch erreichen nämlich die Potenzen der Eigenwerte λ_2, λ_3 und λ_4 bei wachsendem t sehr rasch Werte, die dem Betrage nach nur noch wenig von Null verschieden sind, während die Potenzen von λ_1 immer größere Werte annehmen. Diese Divergenz wird nun noch dadurch erheblich vergrößert, daß die Konstanten, mit denen die Potenzen von λ_2, λ_3 und λ_4 multipliziert werden müssen, nahe bei Null liegen. Nach wenigen Perioden können die Lösungen deshalb durch die folgende Gleichung dargestellt werden, die die Ausdrücke mit den Eigenwerten λ_2, λ_3 und λ_4 wegen ihrer Geringfügigkeit vernachlässigt:

(III. 2.17) $$Y_i(t) = K_{i1} \lambda_1^t + \overline{Y}_i.$$

Die zeitliche Entwicklung der Sektoreinnahmen vollzieht sich mithin nahezu von Anfang an in der Form exponentiellen Wachstums. Das läßt sich auch deutlich aus der nebenstehenden Abbildung 18 erkennen, in der die Einnahmen der vier Sektoren bis zum Jahre 1970 aufgezeichnet sind. Die Darstellung gibt eine Vorstellung davon, wie sich das Wachstum der Sektoreinnahmen in Zukunft etwa vollziehen wird. Aus ihr geht beispielsweise klar hervor, welchen Umfang die Einnahmen der Unternehmen im Vergleich zu denen der übrigen Sektoren in den nächsten Jahren erreichen werden.

Das Ausmaß des jährlichen Anstiegs in einem derartigen Wachstumsprozeß wird im allgemeinen an der Wachstumsrate gemessen, die folgendermaßen definiert ist:

(III. 2.18) $$w_i(t) = \frac{Y_i(t) - Y_i(t-1)}{Y_i(t-1)}.$$

Nach dem Einsetzen der Lösungen (III. 2.17) erhält man daraus

(III. 2.19) $$w_i(t) = \frac{\lambda_1^t - \lambda_1^{t-1}}{\lambda_1^{t-1} + \dfrac{\overline{Y}_i}{K_{i1}}}.$$

Der im Nenner von (III. 2.19) erscheinende Ausdruck $\dfrac{\overline{Y}_i}{K_{i1}} = q_i$ ist eine Konstante. Sie hat für die vier Sektoren die numerischen Werte

(III. 2.20)
$q_1 = -0{,}757$
$q_2 = -0{,}751$
$q_3 = -0{,}731$
$q_4 = -0{,}917$.

Zweiter Abschnitt: Die Lösungen des Modells

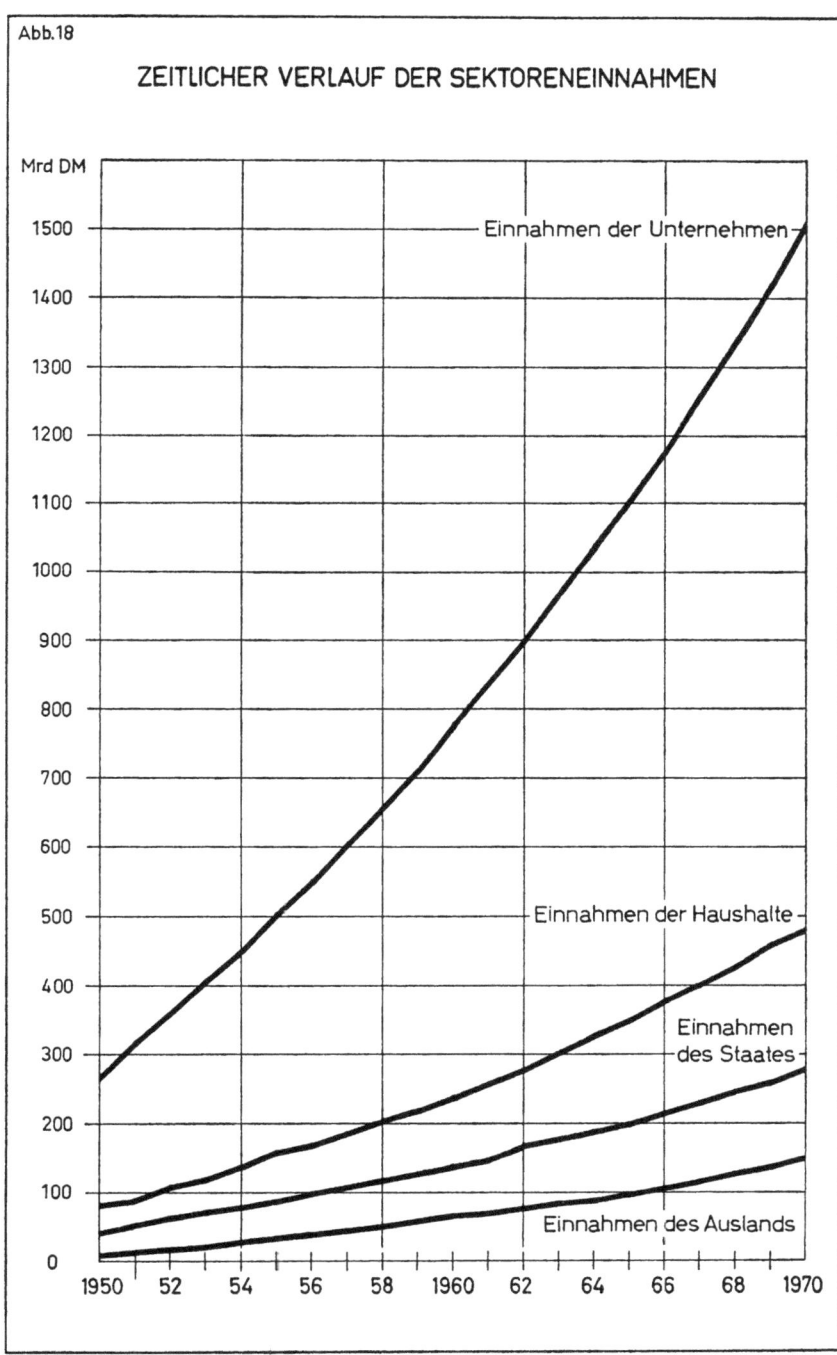

Abb. 18 ZEITLICHER VERLAUF DER SEKTORENEINNAHMEN

Wäre q_i gleich Null, dann ergäbe sich für die Wachstumsrate

(III. 2.21) $$w_i(t) = w(t) = \frac{\lambda_1^t - \lambda_1^{t-1}}{\lambda_1^{t-1}} = \frac{\lambda_1^{t-1}(\lambda_1 - 1)}{\lambda_1^{t-1}} = \lambda_1 - 1$$
$$= 0{,}039\,93\,.$$

In Prozent ausgedrückt entspricht das einer konstanten jährlichen Zuwachsrate von knapp 4 vH. Das Vorhandensein von Null verschiedener Konstanten q_i hat jedoch zur Folge, daß die Wachstumsraten für niedrige Werte von t beträchtlich darüber hinausgehen. Mit zunehmendem t wird das Wachstum allerdings von Jahr zu Jahr geringer und nähert sich dabei asymptotisch dem Wert 3,993 vH. Schwankungen in der Wachstumsrate treten mithin nicht auf. Da die Konstanten q_1, q_2 und q_3 nicht nennenswert voneinander abweichen, folgt der zeitliche Verlauf der Einnahmen von Haushalten, Staat und Unternehmen annähernd dem gleichen Bewegungsgesetz. Eine Tendenz, daß die Einnahmen eines dieser Sektoren, beispielsweise die des Staates, rascher zunehmen als die der beiden anderen Sektoren, besteht also nicht. Die Einnahmen des Auslands wachsen zunächst schneller, ihr Anstieg verlangsamt sich dann aber stärker als der der inländischen Sektoren. In keinem Fall sinkt die Wachstumsrate unter 3,993 vH. Dieser Wert stellt also die Untergrenze des Wachstums dar. Die Annäherung an diese Rate erfolgt allerdings so langsam, daß sie für praktische Überlegungen ohne Bedeutung ist. So beträgt etwa die Zuwachsrate der Einnahmen der Haushalte nach Ablauf von 50 Perioden noch 4,5 vH. Für so lange Zeiträume ist aber die Voraussetzung konstanten Ausgabeverhaltens mit hoher Wahrscheinlichkeit nicht erfüllt. Bei der Betrachtung kürzerer Zeiträume ist also mit wesentlich höheren Wachstumsraten zu rechnen, wobei allerdings zu berücksichtigen ist, daß es sich dabei um nominelle und nicht um reale Zuwachsraten handelt.

Die Frage, wie weit das Modell über den Beobachtungszeitraum hinaus als gültig betrachtet werden kann, ist schwer zu entscheiden. Leider konnten keine ex-post-Projektionen vorgenommen werden, da tatsächliche Werte in der zugrundegelegten regionalen Abgrenzung für die Jahre nach 1960 nicht vorliegen bzw. bisher nicht veröffentlicht worden sind. Andererseits erschien es aber auch nicht vertretbar, auf die Heranziehung der Daten für 1960 und eventuell 1959 zur Schätzung zu verzichten, da der Umfang der Stichprobe mit zehn Beobachtungsdaten bereits sehr niedrig lag. Die Gültigkeit des Modells außerhalb des Beobachtungszeitraums konnte daher nicht geprüft werden. Die engen Vertrauensintervalle der Ausgabeneigungen lassen jedoch darauf schließen, daß das Ausgabeverhalten in der Bundesrepublik eine gewisse zeitliche Stabilität aufweist. Insofern kann angenommen werden, daß das Modell die Verhaltensstruktur eine Reihe von Jahren über den Beobachtungszeitraum hinaus repräsentiert. Diese Zeitspanne dürfte allerdings geringer sein als bei Modellen, die Produktionsfaktoren in die Funktionalzusammenhänge einbeziehen.

Das durch die Multiplikatorhypothese charakterisierte Ausgabeverhalten der vier Sektoren, die das Modell für die Wirtschaft der Bundesrepublik Deutschland zugrundelegt, führt zu einer bestimmten Form des Wirtschaftsablaufes, die sich aus den Lösungen erkennen ließ. Die wichtigsten aus der Diskussion dieser Lösungen gewonnenen Ergebnisse können zusammenfassend in fünf Punkten dargestellt werden:

1. Das Wirtschaftsgeschehen in der Bundesrepublik Deutschland ist instabil in dem Sinne, daß es sich in einer dauernden — nicht zu einer Ruhe- oder Gleichgewichtslage führenden — Entwicklung vollzieht.
2. Konjunkturelle Schwingungen spielen für diese Entwicklung eine untergeordnete Rolle.
3. Die Wirtschaftsentwicklung in der Bundesrepublik erfolgt vielmehr in der Form exponentiellen Wachstums.
4. Dieses Wachstum verlangsamt sich im Zeitablauf.
5. Die Entwicklung der inländischen Sektoren „Haushalte", „Staat" und „Unternehmen" verläuft verhältnismäßig gleichmäßig.

Anhang

1. Definition der Variablen

X_{11} Verteilte Einkommen aus unselbständiger Arbeit, Käufe für Privaten Verbrauch von Privaten Organisationen ohne Erwerbscharakter, Eigenverbrauch.

X_{21} Direkte Steuern, Sozialversicherungsbeiträge, Geleistete laufende Übertragungen, Käufe für Privaten Verbrauch, Geleistete Vermögensübertragungen.

X_{31} Käufe der Privaten Organisationen ohne Erwerbscharakter für laufende Produktion (Vorleistungen), Käufe für Privaten Verbrauch, Käufe von gebrauchten Anlagen für Privaten Verbrauch, Nicht entnommene Gewinne der Einzelunternehmen sowie Privateinlagen, Geleistete Vermögensübertragungen.

X_{12} Käufe für laufende Produktion (Vorleistungen), Verteilte Einkommen aus unselbständiger Arbeit, Geleistete laufende Übertragungen, Geleistete Vermögensübertragungen.

X_{22} Verteilte Einkommen aus Unternehmertätigkeit und Vermögen (Nettomiete), Eigenverbrauch, Käufe für Anlageinvestitionen (selbsterstellte Anlagen).

X_{32} Käufe für laufende Produktion (Vorleistungen), Verteilte Einkommen aus Unternehmertätigkeit und Vermögen (Zinsen), Subventionen, Käufe für Anlageinvestitionen, Käufe von Land und gebrauchten Anlagen, Geleistete Vermögensübertragungen.

X_{42} Verteilte Einkommen aus unselbständiger Arbeit, Verteilte Einkommen aus Unternehmertätigkeit und Vermögen (Zinsen), Geleistete laufende Übertragungen, Geleistete Vermögensübertragungen.

X_{13} Verteilte Einkommen aus unselbständiger Arbeit, Verteilte Einkommen aus Unternehmertätigkeit und Vermögen, Geleistete Vermögensübertragungen.

X_{23} Käufe für laufende Produktion (Vorleistungen), Indirekte Steuern, Verteilte Einkommen aus Unternehmertätigkeit und Vermögen, Direkte Steuern, Geleistete laufende Übertragungen, Käufe von Land und gebrauchten Anlagen, Geleistete Vermögensübertragungen.

X_{33} Käufe für laufende Produktion (Vorleistungen), Käufe für Anlageinvestitionen, Vorratsveränderungen.

X_{43} Käufe für laufende Produktion (Vorleistungen), Indirekte Steuern, Verteilte Einkommen aus unselbständiger Arbeit, Verteilte Einkommen aus Unternehmertätigkeit und Vermögen, Geleistete Vermögensübertragungen.

X_{34} Käufe von Unternehmen, Verteilte Einkommen aus Unternehmertätigkeit und Vermögen.

2. Ausgaben der Sektoren in den Jahren 1950 bis 1960 Bundesrepublik Deutschland (ohne West-Berlin und ohne Saarland) in jeweiligen Preisen Mrd. DM

Jahr	X_{11}	X_{21}	X_{31}	X_{12}	X_{22}	X_{32}	X_{42}	X_{13}	X_{23}	X_{33}	X_{43}	X_{34}
1950	4,25	14,41	64,48	19,52	14,17	11,51	1,07	61,27	18,22	185,60	12,54	11,22
1951	4,85	17,48	77,31	22,02	17,66	14,89	1,67	75,04	23,72	240,24	16,37	18,60
1952	5,43	21,03	83,95	25,78	20,98	17,69	1,60	83,52	28,22	258,77	18,55	21,95
1953	6,13	23,53	89,24	28,92	21,42	17,28	2,44	89,87	30,54	266,74	19,52	25,15
1954	6,56	24,87	96,20	31,31	22,33	18,03	2,72	97,55	32,98	289,38	24,93	30,53
1955	7,06	27,68	111,51	33,86	24,18	20,20	2,99	112,52	37,08	338,91	31,55	36,34
1956	7,70	30,86	124,67	37,62	25,81	21,86	3,56	124,83	40,79	371,91	36,17	43,76
1957	8,22	34,32	134,46	44,28	27,80	23,81	4,32	135,35	44,45	396,14	42,09	52,03
1958	8,77	37,53	144,15	49,74	31,15	27,63	4,73	144,57	46,77	409,51	43,00	53,07
1959	9,14	41,57	152,51	51,67	34,18	31,66	6,07	156,34	50,98	446,76	49,39	59,19
1960	9,68	48,21	166,52	55,45	38,46	36,51	6,56	175,19	56,98	503,80	58,75	68,27

Quelle: Wirtschaft und Statistik, Heft 12, 1963, S. 788* bis 795*.

Literaturverzeichnis

Ackley, G.: The Multiplier Time Period: Money, Inventories, and Flexibility, American Economic Review, 41, 1951.
Allen, R. G. D.: Mathematical Economics, London 1957.
Anderson, O.: Probleme der statistischen Methodenlehre in den Sozialwissenschaften, 4. Aufl., Würzburg 1962.
Anderson, R. L.: The Problem of Autocorrelation in Regression Analysis, Journal of the American Statistical Association, 49, 1954.
Baumol, W. J.: Economic Dynamics, 2nd ed., New York 1959.
Bentzel, R. with *Hansen*, B.: On Recursiveness and Interdependency in Economic Models, Review of Economic Studies, 22, 1954/55.
Böhi, H.: Die Konkurrenz im Modell der dynamischen Wirtschaft, in: Konkurrenz und Planwirtschaft, Bern 1946.
Bössmann, E.: Probleme einer dynamischen Theorie der Konsumfunktion, Berlin 1957.
Brems, H.: Wages, Prices, and Profits in a Macroeconomic Model, Illustrated by German Data, Weltwirtschaftliches Archiv, 89, 1962 (II).
Chipman, J. S.: The Generalized Bi-System Multiplier, Canadian Journal of Economics and Political Science, 15, 1949.
— Professor Goodwin's Matrix Multiplier, Economic Journal, 60, 1950.
— The Multi-Sector Multiplier, Econometrica, 18, 1950.
— The Theory of Intersectoral Money Flows, and Income Formation, Baltimore 1951.
Cochrane, D. and *Orcutt*, G. H.: Application of Least Squares Regression to Relationships Containing Autocorrelated Error Terms, Journal of the American Statistical Association, 44, 1949.
Copeland, M. A.: A Study of Money Flows in the United States, New York 1952.
Debreu, G. and *Herstein*, I. N.: Non-negative Square Matrices, Econometrica, 21, 1953.
Durbin, J. and *Watson*, G. S.: Testing for Serial Correlation in Least Squares Regression, Biometrica, 37, 1950 und 38, 1951.
Eisner, R.: The Invariant Multiplier, Review of Economic Studies, 17, 1949/50.
Evans, W. D.: Input-Output Computations, in: Barna, T. ed.: The Structural Interdependence of the Economy, Proceedings of an International Conference on Input-Output Analysis, Varenna 1954, New York o. J.
Gehrig, G.: Eine ökonometrische Analyse des Konsums von 1925 bis 1938 und 1950 bis 1957, Berlin 1962.
— Ein makroökonomisches Modell für die Bundesrepublik Deutschland, Berlin 1963.

Gehrig, G. und *Kuhlo, K. C.*: Ökonometrische Analyse des Produktionsprozesses, Ifo-Studien, 7, 1961.

Geyer, H.: Untersuchungen über die Theorie des dynamischen makroökonomischen Kernprozesses, Berlin 1957.

Giersch, H.: Einige kontroverse Fragen der Multiplikatortheorie, in: Schneider, E. Hrsg.: Beiträge zur Multiplikatortheorie, Berlin 1954.

Goldberger, A. S.: Econometric Theory, New York 1964.

Goodwin, R. M.: The Multiplier, in: Harris, S. E. ed.: The New Economics. Keynes' Influence on Theory and Public Policy, London 1949.

— The Multiplier as Matrix, Economic Journal, 59, 1949.

— Does the Matrix Multiplier Oscillate?, Economic Journal, 60, 1950.

Gottlieb, M.: The Multiplier (Secondary Wave), Economia Internazionale, 13, 1960.

Griliches, Z.: A Note on Serial Correlation Bias in Estimates of Distributed Lags, Econometrica, 29, 1961.

Gülicher, H.: Ein einfaches ökonometrisches Dezisionsmodell zur Beurteilung der quantitativen Auswirkungen einiger wirtschaftspolitischer Maßnahmen für die Bundesrepublik Deutschland, Köln und Opladen 1961.

Hart, B. I.: Tabulation of the Probabilities for the Ratio of the Mean Square Successive Difference to the Variance, Annals of Mathematical Statistics, 13, 1942.

— Significance Levels for the Ratio of the Mean Square Successive Difference to the Variance, Annals of Mathematical Statistics, 13, 1942.

Hawkins, D. and *Simon, H. A.*: Note: Some Conditions of Macro-economic Stability, Econometrica, 17, 1949.

Hegeland, H.: The Multiplier Theory, Lund 1954.

Henn, R.: Über dynamische Wirtschaftsmodelle, Stuttgart 1957.

Hicks, J. R.: A Contribution to the Theory of the Trade Cycle, Oxford 1950.

Hohenbalken, B. von and *Tintner, G.*: Econometric Models of the OEEC Member Countries, the United States and Canada, and Their Application to Economic Policy, Weltwirtschaftliches Archiv, 89, 1962 (II).

Hoppmann, E.: Die Periodenanalyse als Theorie der volkswirtschaftlichen Dynamik, Berlin 1956.

Hurwicz, L.: Least-Squares Bias in Time Series, in: Koopmans, T. C. ed.: Statistical Inference in Dynamic Economic Models, New York 1950.

Ismar, H., Lange, G., Schweinitz, H. von: Die Konsum- und die Investitionsfunktion. Untersuchung für die Bundesrepublik Deutschland, Köln und Opladen 1962.

Johnston, J.: Econometric Methods, New York 1963.

Jorgenson, D. W.: Stability of a Dynamic Input-Output System, Review of Economic Studies, 28, 1961.

Kahn, R. F.: The Relation of Home Investment to Unemployment, Economic Journal, 41, 1931.

Keynes, J. M.: The General Theory of Employment, Interest and Money, London 1936, repr. 1961.

Klein, L. R.: A Textbook of Econometrics, Evanston 1953.

Klein, L. R. and *Ball,* R. J., *Hazlewood,* A. and *Vandome,* P.: An Econometric Model of the United Kingdom, Oxford 1961.

Klingst, A.: Einführung in die Matrizenrechnung, in: Anwendungen der Matrizenrechnung auf wirtschaftliche und statistische Probleme, 2. Aufl., Würzburg 1963.

König, H. und *Timmermann,* V.: Ein ökonometrisches Modell für die Bundesrepublik Deutschland, 1950—1960, Zeitschrift für die gesamte Staatswissenschaft, 118, 1962.

Koyck, L. M.: Distributed Lags and Investment Analysis, Amsterdam 1954.

Koopmans, T. C. and *Hood,* Wm. C.: The Estimation of Simultaneous Linear Economic Relationships, in: Hood, Wm. C. and Koopmans, T. C. eds.: Studies in Econometric Method, New York 1953.

Kuhlo, K. C.: Sukzessive und genaue Berechnung von Regressionskoeffizienten, Ifo-Studien, 8, 1962.

Lange, O.: The Theory of the Multiplier, Econometrica, 11, 1943.

Leontief, W.: The Structure of American Economy, 1919—1939, Cambridge/ Mass. 1941.

— Lags and the Stability of Dynamic Systems, Econometrica, 29, 1961.

Leontief, W. and *others:* Studies in the Structure of the American Economy, New York 1953.

Liu, T. C.: An Explanatory Quarterly Econometric Model of Effective Demand in the Postwar U. S. Economy, Econometrica, 31, 1963.

Lundberg, E.: Studies in the Theory of Economic Expansion, London 1937, repr. 1954.

Machlup, F.: Period Analysis and Multiplier Theory, Quarterly Journal of Economics, 54, 1939.

— International Trade and the Income Multiplier, Philadelphia 1943.

Marschak, J.: Statistical Inference in Economics: An Introduction, in: Koopmans, T. C. ed.: Statistical Inference in Dynamic Economic Models, New York 1950.

Menges, G.: Ein ökonometrisches Modell der Bundesrepublik Deutschland (Vier Strukturgleichungen), Ifo-Studien, 5, 1959.

— Ökonometrie, Wiesbaden 1961.

Metzler, L. A.: The Nature and Stability of Inventory Cycles, Review of Economic Statistics, 23, 1941.

— Underemployment Equilibrium in International Trade, Econometrica, 10, 1942.

— Three Lags in the Circular Flow of Income, in: Income, Employment and Public Policy, Essays in Honor of Alvin H. Hansen, New York 1948.

— A Multiple-Region Theory of Income and Trade, Econometrica, 18, 1950.

Morishima, M.: Prices, Interest and Profits in a Dynamic Leontief System, Econometrica, 26, 1958.

— Some Properties of a Dynamic Leontief System with a Spectrum of Techniques, Econometrica, 27, 1959.

Nerlove, M.: A Quarterly Model for the United Kingdom, A Review Article, American Economic Review, 52, 1962.

Neumann, J. von: Distribution of the Ratio of the Mean Square Successive Difference to the Variance, Annals of Mathematical Statistics, 12, 1941.

Neumann, J. von, Kent, R. H., Bellinson, H. R. and *Hart, B. I.:* The Mean Square Successive Difference, Annals of Mathematical Statistics, 12, 1941.

Ott, A. E.: Einführung in die dynamische Wirtschaftstheorie, Göttingen 1963.

Pohl, R.: Einige Probleme der Saldenrechnung, Konjunkturpolitik, 4, 1958.

Robertson, D. H.: Banking Policy and the Price Level, London 1926, 4th rev. print. 1949.

— Saving and Hoarding, Economic Journal, 43, 1933.

Samuelson, P. A.: Interactions between the Multiplier Analysis and the Principle of Acceleration, Review of Economic Studies, 21, 1939.

— Foundations of Economic Analysis, Cambridge 1948.

— Dynamic Process Analysis, in: Ellis, H. ed.: A Survey of Contemporary Economics, Philadelphia 1948.

Sauermann, H.: Einführung in die Volkswirtschaftslehre, Bd. I, Wiesbaden 1960.

Scherf, H.: Zur Frage der Beziehungen zwischen Löhnen und Preisen in der Bundesrepublik Deutschland 1951 bis 1961, Weltwirtschaftliches Archiv, 93, 1964 (II).

Schumann, J.: Die Sektorenanalyse als Instrument konjunkturtheoretischer Untersuchungen, Berlin 1959.

Solow, R. M.: On the Structure of Linear Models, Econometrica, 20, 1952.

Suits, D. B.: Forecasting with an Econometric Model, American Economic Review, 52, 1962.

Theil, H.: Linear Aggregation of Economic Relations, Amsterdam 1954.

Tintner, G.: Handbuch der Ökonometrie, Berlin 1960.

Turvey, R.: Some Notes on Multiplier Theory, American Economic Review, 43, 1953.

Valavanis, St.: Econometrics. An Introduction to Maximum Likelihood Methods, ed. by Conrad, A. E., New York 1959.

Waffenschmidt, W. G. und Forschungsgruppe: Deutsche Volkswirtschaftliche Gesamtrechnung und ihre Lenkungsmodelle 1949—1955, Stuttgart 1959.

Wielandt, H.: Unzerlegbare, nicht-negative Matrizen, Mathematische Zeitschrift, 52, 1950.

Willers, F. A.: Methoden der praktischen Analysis, 3. Aufl., Berlin 1957.

Williams, J. D.: Moments of the Ratio of the Mean Square Successive Difference to the Mean Square Difference in Samples from a Normal Universe, Annals of Mathematical Statistics, 12, 1941.

Wise, J.: Regression Analysis of Relationships between Autocorrelated Time Series, Journal of the Royal Statistical Society, Series B, 18, 1956.

Wold, H. O. A.: A Generalization of Causal Chain Models, Econometrica, 28, 1960.

Zarnowitz, V.: Technology and the Price Structure in General Equilibrium Systems, Review of Economic Studies, 23, 1955/56.

Zurmühl, R.: Matrizen, 3. Aufl., Berlin 1961.

Printed by Libri Plureos GmbH
in Hamburg, Germany